8°S
734

I0039581

LEÇONS

SUR

LES ABEILLES

8° S
734

IMPRIMERIE GÉNÉRALE DE CHATILLON-SUR-SEINE, JEANNE ROBERT

LEÇONS

SUR

LES ABEILLES

NATIONALE R.F.

PRÉSENTÉES A L'EXPOSITION INSECTOLOGIQUE
DE 1874

Par **F. JANNEL**

INSTITUTEUR A SAULXURES HAUTE-MARNE

Médaille d'Argent en 1872

Médaille de 1re Classe en 1873.

LANGRES
JULES DALLET, LIBRAIRE-ÉDITEUR
PLACE CHAMBEAU

1877

LEÇONS

SUR

LES ABEILLES

DE 187[illegible]

E. JANVIER

Médaille de 1re Classe en 18[illegible]

ANGERS
JULES SALLEAN, LIBRAIRE-ÉDITEUR
PLACE CHAMBEAT

1875

INTRODUCTION

Toutes les sciences sont cultivées; l'apiculture seule est délaissée, négligée. Elle n'est enseignée nulle part, si ce n'est dans quelques cours spéciaux comme au jardin du Luxembourg, à Paris, et par quelques rares chefs d'institution dans leurs classes; mais qu'est-ce que cela pour la France? Ceux qui possèdent cet art, deux ou trois personnes au plus en moyenne par village, l'ont, pour la plupart, appris de leurs pères, ou quelquefois pourtant, à l'aide d'un livre qui leur est tombé sous la main; ils transmettront, avant de mourir, leur talent à leurs enfants ou à leurs proches, absolument comme un *guérisseur*, à sa dernière heure, confie à son fils ses secrets.

Dans nos départements, chacun possède pour ainsi dire son rucher, et cependant combien ignorent le premier mot de la culture des abeilles! Qui oserait acheter une vache sans savoir, ou sans apprendre tout de suite, l'art de la gouverner et d'en retirer du profit? Qui se ferait jardinier, s'il ne savait par quel bout se plante un arbre? C'est pourtant ce qui a lieu souvent pour la culture des abeilles; on est sans souci de son bien, et on s'en remet, pour les soins, au voisin qui s'y connaît, et qui fait pour cela le tour du village. Et ces soins trop irréguliers quels sont-ils? Ils se réduisent à peu de chose; couper les ruches, comme l'on dit; enlever, presque toujours à tort, au mois de mars, beaucoup de miel, ou beaucoup de cire à défaut de miel; recueillir et placer un essaim; enduire ou pourgeter les ruches huit ou quinze jours, plus ou moins, après qu'elles ont été placées sur le tablier; poser et lever un cabotin, et puis c'est à peu près tout. Mais ce n'est pas assez! Les petits soins à donner aux abeilles, vrais délassements du corps et de l'esprit, sont, sinon de tous les jours, au moins de toutes les semaines, et ce n'est pas le voisin, *qui s'y connaît,* que l'on peut déranger à chaque instant de ses travaux personnels pour venir faire une visite au rucher, et voir si tout est en ordre; le temps, les moyens, le dévouement lui font à la fin défaut, car loin de lui parler jamais de la plus minime rétribution, souvent ses peines ne sont payées que d'ingratitude. En revanche, cet homme, avec le peu qu'il sait, donne toujours et en temps opportun, ses soins à ses ruches qui prospèrent, qui lui fournissent de bons produits, et lui procurent de beaux bénéfices. C'est ce que j'ai toujours remarqué! Pendant ce temps, votre rucher, placé dans les mêmes conditions, mais délaissé par vous, rapportera très-peu, ou même ne rapportera rien du tout. Alors vous accuserez tout bas, ou même très-haut peut-être, ce voisin, bien innocent du reste, d'avoir mal coupé vos ruches, de les avoir mal enduites, ou de leur avoir jeté quelque maléfice, que sais-je? et qu'il a agi ainsi dans l'espérance que son rucher prospérera mieux si les abeilles sont plus rares autour de ses colonies.

Je peux cependant vous assurer qu'il n'en est rien. Si un apiculteur a dans le village la fleur des ruchers, des ruches, des cabotins, il le doit à son art; et n'allez pas croire qu'il est jaloux des ruches qui ne sont pas les siennes, et que quand vous l'invitez à travailler dans votre rucher il agit de façon à en arrêter la prospérité. Je ne viens pas ici plaider la cause de l'apiculteur, je veux simplement lui rendre justice ; car, c'est en général un homme bon, qui a de l'ordre, de l'économie et beaucoup de vertus ; il fréquente ses abeilles qui lui donnent l'exemple de la diligence, du travail et de la charité fraternelle. Le mal, je le répète, vient de ce que les soins ne sont pas assez intelligents, assidus. Ne voit-on pas beaucoup de vastes ruchers qui ne représentent aujourd'hui que le désordre, la négligence et la misère? C'est à peine s'il a survécu une ou deux ruches noircies par le temps et d'où il s'échappe quelques abeilles. Ce rucher, soyez-en sûr, a appartenu à un apiculteur, à un homme d'ordre, soigneux, et il est tombé ensuite en des mains malhabiles. C'est le rucher négligé de la veuve, de l'orphelin ou de l'ignorant. Toutes les fois que je vois un rucher dans une telle déconfiture, je ne peux m'empêcher, malgré moi, d'infliger un blâme à son propriétaire pour son peu d'intelligence. Oui, je ne crains pas de le dire, c'est la négligence, c'est l'ignorance surtout, qui tue les abeilles. J'ajouterai même que, en apiculture, l'ignorant qui possède des ruches est le plus grand ennemi que ce rucher puisse avoir. Aussi en enseignant cet art, nous faisons œuvre de moralité; nous amenons, d'une manière certaine, la prospérité chez celui qui profite des leçons.

Je dirai donc aux apiculteurs : Instruisez-vous encore; essayez des méthodes nouvelles; changez votre mode de cultiver vos abeilles si vous rencontrez de meilleurs procédés; ne cachez pas votre art; révélez les notions que vous avez aux possesseurs de ruches, afin qu'au bout d'un certain temps ils puissent faire eux-mêmes leur travail. Vous éviterez par là les reproches si immérités et si désagréables que vous recevez lorsque leurs ruches ne réussissent pas; vous n'y perdrez rien quand même, le rucher de votre voisin que vous instruirez prospérera et ce ne sera pas au détriment du vôtre; car soyez persuadé que dans le rayon où est établi votre rucher, les abeilles en nombre double ou triple, prospéreront tout aussi bien, rapporteront d'aussi beaux profits.

Mais pour que la culture des abeilles se généralise davantage dans les campagnes, j'entends répéter autour de moi qu'il faudrait un livre peu coûteux, simple, employant les termes, indiquant les procédés propres à la région. On trouve que les traités coûtent trop cher; que les procédés sont trop généraux et parfois inapplicables dans la localité, les démonstrations trop scientifiques. Quoique nous ayons des livres très-bien faits, inimitables même, je crois reconnaître qu'il y a un peu de vrai dans cela. Les gens inexpérimentés en agriculture qui font l'application rigoureuse des traités généraux qu'ils ont entre les mains, sans tenir compte de la zone, du terrain, des courants atmosphériques où ils opèrent sont souvent fort déçus, tandis que ceux qui suivent l'ouvrage spécial fait pour le lieu qu'ils habitent, ou qui savent discerner dans un traité ce qui est pratiquable dans la localité, réussissent généralement mieux. Il en est de même pour la culture des abeilles, cette branche de l'agriculture, et il est aisé de comprendre qu'un livre simple, peu coûteux, qui serait comme l'interprète du savant traité d'apiculture, pouvant servir à toute personne qui veut apprendre à gouverner ses abeilles, réunirait des avantages incontestables. Aussi, donner gain de cause aux réclamations, faire ce livre tant désiré est le but que je me propose dans l'exposition de mes leçons. Plus tard beaucoup auront pris goût à cette étude et voudront la poursuivre plus loin. C'est alors qu'ils ne manqueront pas de se procurer des traités complets d'apiculture, entre autres celui de M. Hamet, très-bien écrit, s'occupant à fond de cette question.

Bons habitants des campagnes, vous aimez assez à lire et vous usez de la lecture comme d'un moyen de récréation : souvenez-vous qu'un mauvais livre est toujours trop cher, tandis qu'un bon ouvrage ne coûte que la peine d'être lu et suivi.

Nos remercîments à Monsieur Hamet, secrétaire général de la Société d'Apiculture et d'Insectologie à Paris, qui a bien voulu, tout en donnant son approbation particulière à cet ouvrage, nous fournir les figures qui y sont contenues et qui sont extraites de son traité d'Apiculture.

Saulxures, le 2 juillet 1877.

F. JANNEL.

SOMMAIRE DES LEÇONS

1.

QUATRIÈME LEÇON. — MALADIES DES ABEILLES.

Famine. — Moyens de reconnaître si les provisions d'une ruche sont épuisées. — Manière de donner la nourriture. — Autre procédé. — Troisième moyen d'alimenter les abeilles. — Secourir une ruche à l'agonie. — Moments où il faut donner la nourriture et précautions à prendre. — Conservation des ruches faibles en hiver. — Il faut faire en sorte de n'avoir jamais besoin de nourrir les abeilles. — Ruches qu'on est obligé de nourrir. — Entraves à la création d'un rucher.

CINQUIÈME LEÇON. — MALADIES DES ABEILLES, (Suite).

De la dyssenterie. — De la constipation. — De la loque. — Du jaune des pattes. — Du vertige. — Moyens d'employer avantageusement une ruche morte. — Ruches vides que les abeilles viennent habiter.

SIXIÈME LEÇON. — ENNEMIS DES ABEILLES.

L'homme destructeur de ses abeilles. — Guerre, pillage. — Causes du pillage. — Secôurir une ruche au pillage. — Fausse teigne. — Les rongeurs. — Les oiseaux.

SEPTIÈME LEÇON. — DES HABITATIONS DES ABEILLES.

Diverses espèces de ruches. — Ruche vulgaire. —

Tablier. — Pourget. — Autres ruches vulgaires. — Ruches à hausses. — Ruches à divisions verticales. — Manière de récolter ces dernières.

HUITIÈME LEÇON. — ÉTABLISSEMENT DU RUCHER.

Emplacement. — Exposition. — Rucher couvert. — Rucher en plein air. — Capuches. — Prospérité d'un rucher. — Distance parcourue par les abeilles. — Moyens d'avoir beaucoup de ruches. — Achat de ruches. — Transport des ruches.

NEUVIÈME LEÇON. — VISITE AU RUCHER.

Taille, coupe, nettoyage des ruches. — Colonie excellente. — Ruche légère. — Colonie mourant de faim et de froid. — Ruches orphelines. — Colonie morte de froid. — Ruches à vieux rayons. — Ce qu'on entend dans nos pays par vieilles ruches.

DIXIÈME LEÇON. — DES ESSAIMS.

Formation des essaims; sortie. — Amasser un essaim. — Essaims difficiles à recueillir. — Autre moyen de reconnaître si un essaim est préparé. — Petites ou grandes ruches à employer; poids des essaims. — Excellente ruche qui n'essaime pas; moyens de la faire essaimer. — Reposoirs artificiels des essaims. — Empêcher les essaims de se réunir; les séparer. — Essaims seconds. — Essaims adventices. — Mariage des essaims. — Essaims artificiels.

ONZIÈME LEÇON. — DU MIEL ET DE LA CIRE.

Pose du cabotin. — Cabotin plein; l'enlever. — Récolte et manipulation du miel; hydromel; usages du miel. — Fonte, purification et emploi de la cire.

DOUZIÈME LEÇON. — SOINS GÉNÉRAUX.

Soins à donner aux ruches pendant chaque mois de l'année. — Loi sur les abeilles. — Liste des fleurs mellifères. — Outillage, matériel de l'apiculteur.

LEÇONS

SUR

LA CULTURE DES ABEILLES

PREMIÈRE LEÇON.

HISTOIRE NATURELLE DES ABEILLES.

De l'apiculture. — Des espèces d'abeilles. — Famille des abeilles. — De la reine. — Fécondation. — Des faux bourdons. — Des abeilles ouvrières. — Du pollen, rouget. — L'arme des abeilles. — Peur piqûre. — Remèdes. — Ne pas confondre la piqûre des abeilles avec celle des autres mouches. — Durée de l'existence des abeilles.

1. **De l'apiculture.** — L'apiculture est la science qui s'occupe des abeilles; elle peut se diviser en deux parties : 1° L'histoire naturelle ou connaissance des abeilles; 2° L'art de les gouverner, d'en retirer des bénéfices et de conserver leurs produits. L'histoire naturelle des abeilles s'occupe de la physiologie, des mœurs, des travaux, du couvain, des ma-

ladies, des ennemis de ces insectes. L'art de les gouverner renferme les espèces de ruches qu'on a essayées; celles que l'on doit préférer; il s'occupe de l'endroit où il convient d'établir le rucher; de l'exposition, des diverses formes du rucher; de la coupe des ruches; des moments et de la manière d'opérer; de la prise des essaims. Il y est en outre question des moyens de remplacer une vieille ruche, de donner de la force aux ruches faibles; de la pose et de l'enlèvement de la capote ou cabotin; des soins à donner aux ruches pauvres à l'entrée de l'hiver; des visites au rucher pendant et après les gros froids; de l'extraction du miel de la cire et de la purification de la cire.

2. **Des espèces d'abeilles.** — Celui qui a parcouru les cinq parties du monde a pu se convaincre qu'il existe une dizaine d'espèces d'abeilles dont deux espèces seulement se trouvent en Europe : l'abeille commune que nous élevons, et l'abeille jaune des Alpes que l'on commence à cultiver; on la trouve chez quelques apiculteurs et surtout au jardin du Luxembourg, à Paris. Du reste, comme cette espèce ne diffère de la nôtre que par la couleur; que les produits, les procédés de culture sont absolument les mêmes, la méthode que nous allons exposer sera commune aux deux espèces.

3. **Famille des abeilles.** — De tous les insectes, l'abeille nous est le plus utile, et depuis bien des siècles l'homme prend soin d'élever en colonies

les abeilles pour s'approprier leurs produits qui conviennent à ses besoins. Une famille ou colonie renferme trois sortes d'abeilles : 1° Une reine ; 2° Une certaine quantité de mâles ou faux bourdons ; 3° Un grand nombre d'abeilles ouvrières.

4. **De la reine.** — On l'appelle aussi femelle, abeille mère, pondeuse, guidon, sans doute parce que jamais un essaim ne part sans elle. — La reine se distingue des autres abeilles par sa grosseur, sa lon-

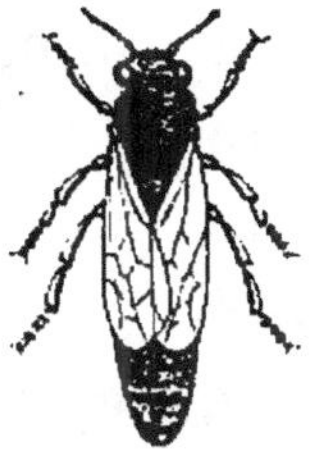

(*Fig.* 1.) Abeille mère.

gueur, sa couleur d'un brun doré surtout en dessous, ses ailes très-petites. Elle est la directrice de la colonie ; son seul travail est d'en opérer, par la ponte, la régénération. Aussi ne la voit-on jamais sortir de la ruche, si ce n'est en deux circonstances : 1° pour se faire féconder, 2° pour aller avec son essaim fonder une nouvelle colonie.

5. **Fécondation.** — La reine seule donne la naissance à toute la population de la ruche. Deux ou trois jours après qu'une reine est sortie de son berceau, elle s'échappe de la ruche et cherche à s'accou-

pler avec un mâle. Un seul accouplement la rend féconde pour toute sa vie qui est de quatre à six ans. Son absence peut durer une demi-heure; aussitôt après qu'elle a été fécondée elle rentre à la ruche. C'est sans doute à ce moment que les abeilles ouvrières commencent à être pleines d'attentions pour elle; car si la reine sortait de nouveau, elle serait suivie d'une multitude d'abeilles qui formeraient l'essaim. La reine, après sa fécondation surtout, acquiert une odeur suave qui attire les ouvrières, les attache à elle, et, par cette jouissance, les récompense de leur dévouement et de leurs soins. Je ne puis m'empêcher d'admirer ici la Providence qui arrange si bien les choses.

La reine pond toute l'année, excepté dans les jours les plus froids de l'hiver. Pendant sa vie elle peut mettre au jour plus de deux cent mille œufs; au printemps elle en pond environ cinq à six cents par jour, et en temps d'essaimage beaucoup plus encore. Elle est, comme les ouvrières, armée d'un fort aiguillon dont elle ne se sert que pour combattre ses rivales; car les reines ont l'une contre l'autre une aversion qui les porte à se détruire jnsqu'à ce qu'il n'en reste plus qu'une dans la colonie. Nous verrons plus tard ce qui arrive quand une ruche vient à manquer de reine (n° 104.)

6. **Des faux bourdons.** — On les appelle aussi mâles, couveuses. — Les faux bourdons sont aussi gros que la reine, mais ils sont moins longs; ils

sont d'un brun noir et ont les extrémités du corps velues, la tête ronde, les yeux gros; leurs pattes ne sont pas aplaties comme celles des abeilles ouvrières. En volant ils agitent leurs ailes avec une grande rapidité, ce qui produit un son élevé et leur vaut la dénomination de faux bourdons, pour les distinguer du bourdon des champs. Ils sont inoffensifs et n'ont

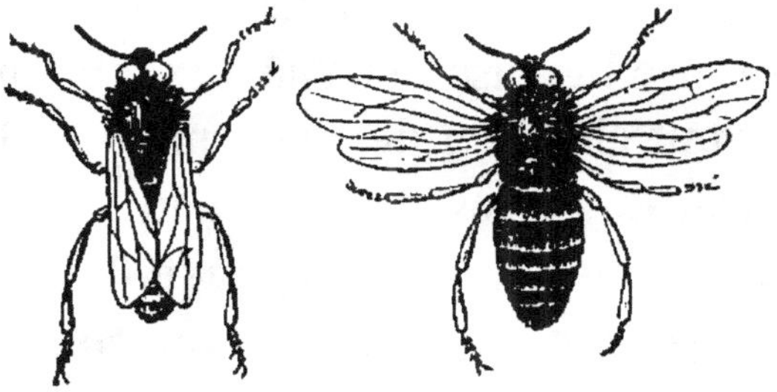

Mâle ou faux bourdon.

(*Fig.* 2.) Vu en repos. (*Fig.* 3.) Vu au vol.

pas d'aiguillon; ils éclosent dans une ruche au nombre qui varie entre quatre cents et quinze cents, et apparaissent dans le courant du mois de mai. Ils ne sortent que par les temps chauds, de midi à cinq heures; ils ne travaillent pas et jamais on ne les voit sur les fleurs. Leurs allées et venues dans les airs ont pour but la rencontre d'une reine pour la féconder. Un seul a cet insigne et fatal honneur : la reine fécondée s'empresse de retourner à la ruche entraînant et déchirant les organes génitaux du mâle, ce qui cause sa mort. La reine fécondée sort quelques jours après avec son essaim pour fonder une nouvelle colonie : à ce moment, comme les abeilles sont moins nombreuses dans la ruche, les faux bourdons, dont peu suivent l'essaim, entretiennent par leur nombre la chaleur nécessaire à l'éclosion du couvain : c'est ce qui les fait appeler couveuses par certains apiculteurs. Les faux bourdons donnent, par leur bourdonnement et leurs sorties, beaucoup d'animation à la ruche et une prodigieuse activité aux abeilles. On dit aussi qu'ils vont chercher de l'eau, mais la chose n'est pas bien sûre. Ce qui est bien certain, c'est que ces gros oisifs sont très-gourmands, gaspillent en peu de temps les provisions, et que les ouvrières, aussitôt qu'il n'y a plus de jeune reine au berceau à féconder et d'essaim à prétendre, s'empressent de leur faire une guerre d'extermination. Au bout de trois ou quatre jours de combats, tous sont à terre devant l'habitation. Lorsqu'ils sont trop nombreux, les abeilles les poursuivent, tâchent de les faire sortir dehors; ensuite elles s'assemblent et veillent à l'entrée de la ruche, en obstruent le passage, et forcent les faux bourdons à rester dehors sur le tablier, à périr de faim et de froid pendant la nuit. C'est lorsqu'on les voit ainsi tous à l'entrée de la ruche que l'on peut aider les abeilles dans leur œuvre et les tuer. Lorsque les faux bourdons ne sont pas détruits par les ouvrières, ce qui arrive rarement, comme ils font une grande consommation de vivres, les provisions sont bientôt épuisées, et à l'entrée de l'hiver le magasin de réserve est à sec; c'est une ruche de perdue. Parfois aussi, qnelques bourdons échappent au massacre et on les retrouve au printemps, en nettoyant les paniers. Comme ils sont peu nombreux, ils ne font pas beaucoup de dégâts; mais leur présence à ce moment indique que la ruche ne se porte pas bien.

7. **Des abeilles ouvrières.** — Elles sont aussi appelées abeilles-mulets, parce qu'elles n'engendrent pas. — Les ouvrières au nombre de vingt à vingt-cinq mille dans une ruche, sont les plus petites des trois sortes d'abeilles de la colonie. Elles sont d'un

Ouvrière.

(*Fig.* 4.) Vue en repos.

(*Fig.* 5.) Vue au vol.

gris noirâtre; leur corps est couvert de poils fins et rayé de bandes transversales tirant sur le jaune. Ce sont elles, comme leur nom l'indique, qui exécutent tous les travaux intérieurs et extérieurs de la ruche, et rien, dans leur frêle constitution, ne leur manque pour accomplir les devoirs de leurs charges. Elles ont à leur tête triangulaire deux yeux principaux et trois autres qui sont comme autant de diamants à mille facettes, et avec lesquels elles voient la nuit comme le jour, et distinguent à une très-grande distance. Leur bouche est composée d'une lèvre supérieure immobile de matière dure qui fait suite à l'os frontal ; de deux mâchoires posées de chaque côté de la bouche, lesquelles fonctionnent horizontalement, comme chez le grillon, la sauterelle, et qui s'abritent sous la lèvre supérieure ; au-dessous de ces mâchoires se trouve la trompe qui sert de lèvre inférieure et même de langue. La trompe est composée d'un faisceau de cinq petits filaments tous poreux, mobiles en tous sens ; trois de ces petits poils, un grand et deux petits, ont un fourreau noir commun qui tient le milieu ; les deux autres poils ont chacun un fourreau distinct et sont placés en triangle de chaque côté de celui du milieu : c'est ce tout réuni qui forme la trompe avec laquelle les abeilles recueillent le miel. A la base de la trompe se trouve le gosier qui correspond à un double estomac : le premier est cette petite bouteille que les abeilles ont au milieu du corps et où elles élaborent le miel qu'elles dégorgent ensuite dans les alvéoles. Au bout de ce premier estomac se trouve le second qui sert à la subsistance particulière de l'abeille et aussi à la conversion du miel en cire. Leurs six pattes sont couvertes de poils après lesquels s'attache le pollen, poussière fécondante des fleurs qui sert de nourriture au couvain. Les deux pattes de derrière ont à l'intérieur de la troisième articulation une cavité en forme de cuillère : c'est là qu'elles amassent et logent avec beaucoup de dextérité, en butinant et en volant, les pelotes de pollen retenu sur le corps et après les autres pattes.

8. **Du pollen, rouget.** — Le pollen est rouge, blanc, brun, mais le plus souvent jaune : c'est la nourriture des larves; il leur est distribué par les nourricières après avoir été mélangé avec du miel. On le trouve dans le bas des rayons, par-ci par-là au milieu du miel, du couvain; les alvéoles en sont remplis sans être bouchés. Celui qui a passé l'hiver loin du centre et de la chaleur est moisi; il a perdu sa qualité et sa couleur; il tire sur le rouge et prend le nom de rouget.

9. **L'arme des abeilles.** — Les abeilles ont quatre ailes, deux larges, et deux qui le sont un peu moins; elles ne sont pas superposées comme chez quelques insectes; mais les deux petites sont placées à côté des deux grandes et en sont comme le complément. Les bords qui se touchent adhèrent quelquefois, de sorte que souvent, au premier aspect, on pourrait croire que les abeilles n'ont que deux ailes.

Dieu qui n'a pas créé un être sans lui donner un moyen de conservation, a, pour protéger de si frêles et si utiles créatures, pourvu les abeilles d'une arme défensive, un aiguillon vénéneux dont elles se servent lorsqu'elles croient leur vie en danger. Sans cette arme, cet insecte n'aurait pu résister à ses nombreux ennemis et se conserver jusqu'à nous.

10. **Leur piqûre**. — Les abeilles ne sont pas agressives: elles se familiarisent même avec les personnes qu'elles voient souvent. Jamais dans la campagne elles ne cherchent querelle aux promeneurs, aux travailleurs. Elles ne font usage de leur arme que lorsqu'on les tourmente dans leur demeure. Encore est-on parvenu, par de légers tapotements répétés sur la ruche à leur donner la crainte, à les rendre douces, immobiles, tout à fait inoffensives. Il n'y a que lorsqu'on les presse sans s'en apercevoir, que l'on se place devant la ruche, dans l'endroit où les abeilles chargées passent pour rentrer, et qu'elles se butent contre la figure et les mains, que l'on court grand risque d'être piqué. Du reste la piqûre est peu dangereuse, et il faut éviter cette crainte puérile qui fait fuir au simple bourdonnement d'une abeille. Une douleur un peu aiguë sur le moment, un peu d'enflure, selon les personnes, pendant deux ou trois jours et c'est tout. Au surplus, voici contre les piqûres quelques remèdes qui réussissent assez.

11. **Remèdes**. — On ne peut éviter la douleur que l'on ressent immédiatement après qu'on a été piqué. Je n'ai pas confiance dans ce remède qui consiste à prendre trois façons d'herbes, à les broyer entre les doigts et à frotter le jus sur le mal : je n'en ai jamais vu les bons effets. Ce remède impuissant, que l'on emploie beaucoup, parce que souvent on n'est pas en mesure d'en faire un bon, et que l'on veut faire quelque chose, n'a que le mérite de tran-

quilliser la personne confiante qui en a fait l'application. Quand on a été piqué, on doit d'abord s'empresser d'ôter le dard qui reste généralement dans la plaie; ensuite on y applique quelques gouttes d'alcali volatil, ou à son défaut de l'eau-de-vie camphrée, ou de l'eau salée; ou bien encore, on mâche un peu de tabac à fumer, un bout de cigare, et, avec le jus, on frictionne l'endroit. On dit que le remède est à côté du mal quelquefois, ici, il ne peut être plus près. On prend l'abeille qui a opéré la piqûre ou une camarade, et, après avoir ôté le dard de la plaie, comme il vient d'être dit, on écrase et on frotte cet insecte sur le mal. Tous ces remèdes, surtout le dernier, diminuent considérablement la douleur, et empêchent surtout l'enflure avec ses incommodités.

12. **Ne pas confondre la piqûre des abeilles avec celle des autres mouches.** — Nous dirons ici en passant qu'il ne faut pas confondre la piqûre de l'abeille qui n'a pas de suites fâcheuses, avec la piqûre de la mouche charbonneuse. Il faut, au contraire, tâcher de bien discerner l'une de l'autre. Cette piqûre, je dirai cette morsure, faite non avec un dard, mais avec la trompe d'une mouche qui parfois a travaillé sur les corps vivants ou morts et empestés, communique par attouchement un virus ou poison qui s'étend rapidement et d'une manière fatale, si l'on n'y met ordre au plus tôt. Les remèdes ci-dessus indiqués, appliqués à propos, sont excellents; mais quelquefois la prédisposition de la per-

sonne, la violence du virus sont telles qu'il faut en toute hâte appeler le secours du médecin.

13. **Durée de l'existence des abeilles.** — La reine, comme nous l'avons vu déjà, peut vivre cinq ou six ans; mais à cet âge, elle ne pond plus assez d'œufs d'ouvrières tandis qu'elle en pond trop de mâles, ce qui pourrait amener la ruine de la ruche si les abeilles ouvrières ne se chargeaient de la remplacer. Les faux bourdons pourraient vivre environ un an, mais leur vie est fatalement limitée : on se rappelle leur massacre par les ouvrières trois mois après leur naissance. L'existence des abeilles ouvrières serait de plus d'une année; mais si l'on songe comme nous le verrons plus loin, aux dangers de toute sorte qu'elles rencontrent dans le cours de leur vie, on pourra se convaincre que très-peu arrivent à cet âge.

DEUXIÈME LEÇON.

TRAVAIL DES ABEILLES OUVRIÈRES.

Division du travail. — Pourvoyeuses. — Cirières; origine de la cire. — Nourricières. — Gardiennes. — Gardiennes du couvain.

14. **Division du travail.** — Les abeilles vivent en société pour amasser des provisions du miel qui est leur nourriture, pour se reproduire, se multiplier, pour se procurer une habitation convenable et se garantir de leurs nombreux ennemis. Les abeilles ouvrières, comme dans les grandes manufactures, connaissent les avantages de la division du travail. Elles sont, selon le genre des travaux qu'elles exécutent, appelées pourvoyeuses ou butineuses, cirières, nourricières, gardiennes.

15. **Pourvoyeuses.** — Les pourvoyeuses vont butiner sur les fleurs pour sucer le miel et ramasser le pollen ainsi que la propolis. Une abeille qui revient les pattes bien chargées ne rapporte point de miel, ou très-peu; celle qui a une demi-charge de pollen peut avoir aussi un demi-voyage de miel; celle qui arrive

sans pollen a, si elle a travaillé avec succès, une charge entière de miel. Mais combien il y en a qui rentrent *bredouille*, sans rien rapporter, comme le chasseur maladroit!

En arrivant au logis l'ouvrière qui a les pattes chargées cherche un alvéole libre, le premier venu, y pénètre à reculons et frotte l'une contre l'autre ses deux pattes de derrière; le pollen se détache et tombe au fond de l'alvéole : ce travail dure une ou deux minutes. L'ouvrière chargée de miel dégorge, aussi dans la première loge qui se présente, le doux nectar qui sera, comme le pollen, repris par une ouvrière travaillant dans l'intérieur et porté au magasin. Les butineuses,ainsi débarrassées,se précipitent au dehors où elles restent environ dix minutes pour ramasser leur charge; elles reviennent ensuite à la ruche, et elles continuent de cette façon leur récolte tant que la température le leur permet.

16. **Cirières; origine de la cire.** — Les cirières, qui sont surtout les abeilles jeunes, bien conformées, consomment plus de miel que les autres. Ce surcroît de nourriture forme en elles une espèce de graisse qui sort entre les anneaux de leur corps, par petites parcelles qu'elles recueillent avec leurs pattes et portent à leur bouche. Avec leurs mâchoires elles pétrissent ce produit, le réduisent en bouillie et en forment les alvéoles, les gâteaux qui durcissent, prennent de la consistance et de la force en vieillissant. Telle est la formation de la cire.

17. **Nourricières; gardiennes.** — Les nourricières sont chargées d'élever les jeunes générations; nous verrons plus loin n° 23, au mot couvain, comment elles remplissent les fonctions qui leur sont assignées.

Les gardiennes entretiennent la police dans la colonie, surveillent les ennemis, les empêchent de pénétrer, donnent l'alarme quand il se passe quelque chose d'extraordinaire dans le voisinage, arrêtent, tuent les abeilles des autres colonies qui veulent dérober leurs provisions. Nous pouvons ranger dans cette catégorie celles qui enduisent de propolis les ouvertures, les fentes autres que l'entrée, qui entraînent dehors les corps morts des victimes imprudentes qui ont pénétré, ou des abeilles mortes, mal écloses ; celles enfin qui s'occupent de la ventilation de l'habitation. Nous avons encore celles qui sont les suivantes de la reine, qui sont constamment derrière elle, et qui avalent même ses déjections afin que les gâteaux n'en soient pas salis : ce sont les gardiennes de la salubrité publique.

18. **Gardiennes du couvain.** — N'oublions pas non plus cette masse d'ouvrières qui se tiennent constamment sur les rayons. C'est pour fournir, par le nombre, la chaleur nécessaire à l'éclosion du couvain : c'est là leur lieu de repos : c'est le dépôt général où est pris le monde nécessaire pour renouveler les différents postes des travailleurs. Les unes, gorgées de miel, élaborent la cire et vont bientôt courir à la

construction des alvéoles; d'autres ont butiné longtemps et nettoient leur corps couvert de pollen, embarrassé de propolis, et ainsi de suite. Mais voici la chaleur qui commence à se faire sentir : elle est assez forte pour faire réussir le couvain; il peut, sous cette température, se passer du concours de beaucoup d'ouvrières. Les fleurs promettent une abondante récolte; la masse s'ébranle; toutes sortent à la hâte : c'est un plaisir de les voir courir à la picorée. Elles font une ample moisson, et, à la fin de la journée, elles reprennent leur place près de leurs chers nourrissons qu'elles défendent, avec un dévouement sans égal, contre les attaques des ennemis.

TROISIÈME LEÇON.

CONSTRUCTIONS, COUVAIN DES ABEILLES.

Entrée en possession d'une habitation. — Rayons. — Propolis. — Cellules; couvain des ouvrières, des mâles, de la reine; leur place. — Ponte, élevage du couvain. — Du miel; miellée végétale. — Miellée animale. — Place du miel dans la ruche. — Reines artificielles. — Ouvrières pondeuses.

19. **Entrée en possession d'une habitation.** — Les abeilles en s'établissant dans une

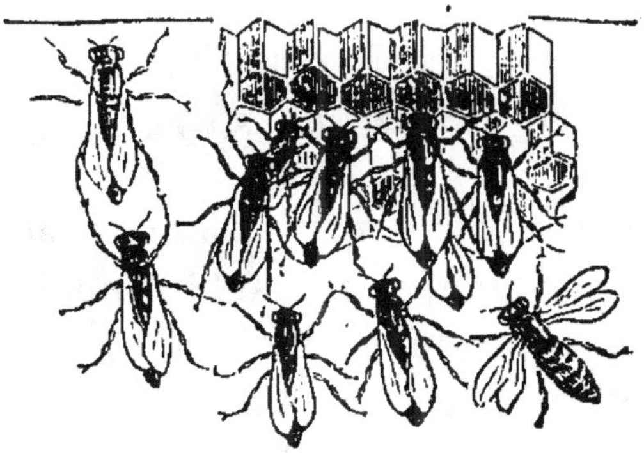

(*Fig.* 6.) Abeilles construisant les rayons.

ruche vide s'empressent d'arracher, de couper les

fils, les poils, les brins qui dépassent intérieurement et d'enduire la ruche de propolis. En appliquant l'oreille contre une ruche, on peut entendre les ouvrières à l'œuvre. Pendant ce temps, d'autres, les cirières s'occupent de suite de la construction de leurs édifices, c'est-à-dire d'établir leurs rayons.

20. **Rayons.** — Les rayons sont la réunion d'une infinité d'alvéoles ou cellules adossées les unes contre

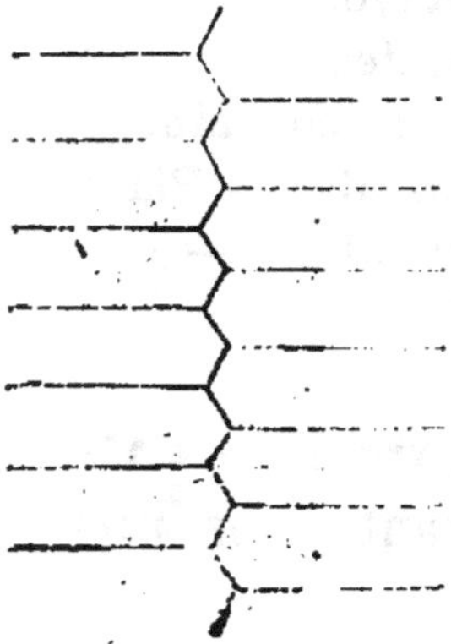

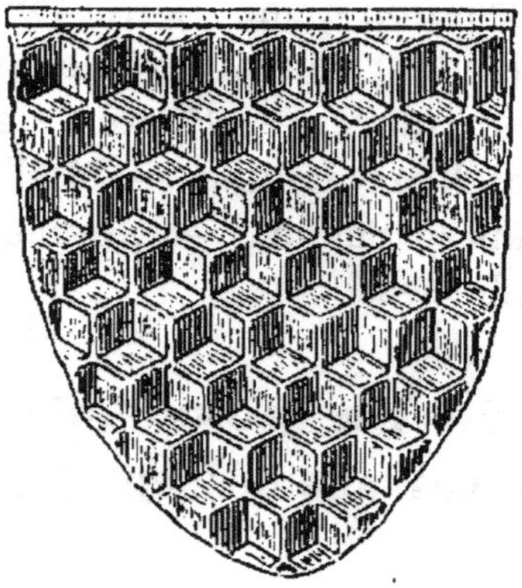

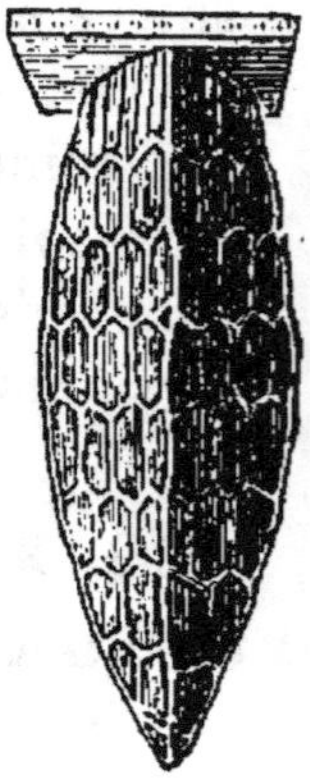

Rayons.

(*Fig.* 7.) Coupe. (*Fig.* 8.) Face. (*Fig.* 9.) Profil.

les autres. Ces rayons sont appelés couteaux lorsqu'ils sont remplis de miel, et gâteaux lorsqu'il y a du couvain, bien que souvent l'un soit pris pour l'autre. Les ouvrières commencent leurs constructions dans l'endroit le plus élevé de la ruche, et édifient de haut en bas; cependant elles peuvent remplir un vide en construisant en montant. Les rayons sont attachés par le haut avec de la propolis et descendent perpendiculairement; ils sont de la largeur de la ruche et placés parallèlement à un centimètre de distance les uns des autres, pour permettre aux abeilles de vaquer à leurs travaux. Ils ont une épaisseur moyenne de vingt-sept millimètres, et au travers de leurs surfaces plusieurs ouvertures qui donnent la facilité aux ouvrières et surtout à la reine de vaquer dans toute la ruche sans venir passer par le bas. Lorsque les ruches sont étroites vers le sommet, que la place manque en haut et qu'il y a encore en bas des vides à remplir, les abeilles attachent sur les côtés de nouveaux rayons qui descendent comme les autres. Quelquefois aussi elles ont un coin de reste; elles y établissent un bout de rayon informe, dont les alvéoles peuvent avoir une grande profondeur, et qui garnit le vide dont les abeilles semblent avoir horreur. Après la première visite d'une ruche, si l'on coupe du miel et qu'on n'ait pas le soin de laisser la naissance des rayons que l'on détache, les nouveaux rayons que les abeilles construisent vont fort souvent dans un sens contraire à ceux qui restent, de sorte qu'après deux ou trois visites annuelles, tout est irrégulier dans les bâtiments,

21. **Propolis.** — La propolis diffère essentiellement de la cire, par son origine, par ses usages et par son goût. C'est une espèce de gomme résineuse que les abeilles recueillent, après leurs pattes comme le pollen, sur les boutons, les tiges de certains arbres, tels que le peuplier, l'orme, le saule, le sapin, etc.,

et dont elles se servent pour mastiquer leurs demeures, consolider leurs travaux, boucher les fentes, empêcher l'eau de pénétrer, recouvrir et embaumer les cadavres qu'elles ne peuvent traîner hors du logis. Les abeilles font des provisions de propolis; on la trouve collée en masses contre les parois latérales de la ruche. Un essaim n'en amasse guère, vu l'état déjà avancé de la saison et la difficulté de s'en procurer: c'est à peine si la ruche est collée sur le tablier; mais au printemps et pendant l'été de l'année suivante, il ne manque pas d'en amasser la quantité qui lui est nécessaire.

22. **Cellules; couvain des ouvrières, des mâles, des reines; leur place.** — Les cellules ou alvéoles sont des cavités ayant la forme d'un prisme hexagonal. Le fond d'un alvéole, à facettes un peu convexes, est toujours commun à trois alvéoles qui lui sont opposés. En examinant de près ce travail, on ne tarde pas à apercevoir un art admirable. Les alvéoles servent à emmagasiner le miel, le pollen; ils servent aussi de berceaux aux abeilles et d'abri en hiver. Comme il y a dans une ruche trois sortes d'abeilles, il y a aussi trois sortes de cellules: les petites, très-nombreuses, sont celles où éclosent les ouvrières. Le couvain d'hiver occupe ordinairement le milieu et le devant de la ruche; celui d'été et de la grande ponte remplit tout le bas et presque toutes les cellules libres. D'autres cellules plus grandes, mais du même modèle, sont placées vers le bas

et sur les côtés de la ruche: elles servent de berceaux aux faux bourdons. Enfin, un certain nombre, qui varie entre cinq et vingt, affectent une forme particu-

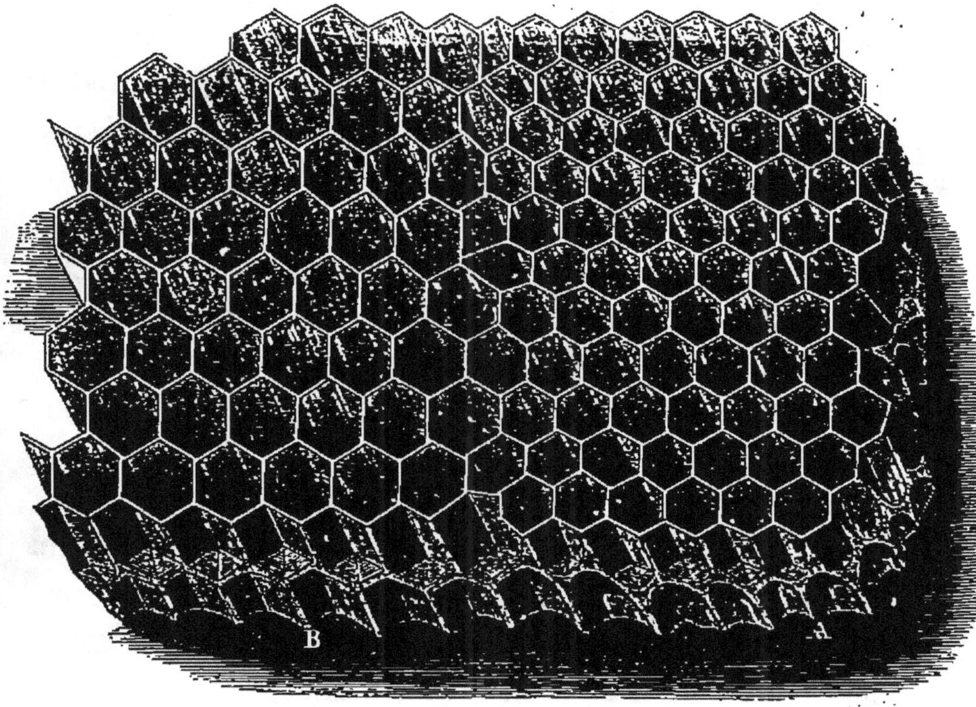

(*Fig.* 10.)

A — Alvéoles des ouvrières.
B — Alvéoles des faux bourdons.

lière: elles sont placées généralement en dehors des rayons, l'ouverture en bas. Elles sont irrégulières à l'extérieur, mais bien arrondies à l'intérieur et faites avec beaucoup de cire. Ces cellules doivent donner naissance aux reines.

23. **Ponte, élevage du couvain.** — On appelle couvain l'insecte dans les différents états par lesquels il passe avant d'arriver à être une abeille parfaite. Vingt-quatre heures après que la reine a été fécondée elle peut commencer sa ponte: elle fait des œufs d'ouvrières et de mâles seulement, malgré les trois sortes d'abeilles. La reine se pose sur une cellule, examine si elle est en bon état, et y dépose un œuf presque imperceptible d'un blanc bleuâtre. Les reines d'essaims pondent quelquefois, mais rarement, des œufs de faux bourdons la première année: il en est d'autres qui s'obstinent à ne pas vouloir déposer d'œufs de femelles dans les alvéoles de reines. De l'œuf pondu éclot, au bout de trois jours environ, par la seule chaleur de la ruche, un petit ver blanc et sans pieds. C'est alors que les abeilles nourricières lui présentent la nourriture qui est une bouillie composée de pollen et d'un peu de miel étendu d'eau. Cette nourriture devient meilleure, contient plus de miel, à mesure que le ver approche de sa métamorphose. Au bout de cinq jours ce ver a pris tout son accroissement; les ouvrières ferment alors sa cellule d'un couvercle de cire bombé. Le ver s'occupe de sa transformation: il file autour de sa prison, en tournant pendant deux jours sur lui-même dans tous les sens, une coque ou enveloppe soyeuse; alors il prend le nom de nymphe. Il reste dans cet état de

mort apparente pendant dix jours, passé lesquels la tranformation est complète : il déchire alors son enveloppe, brise avec ses dents le couvercle de sa prison, sort la tête et bientôt tout le corps. La nouvelle

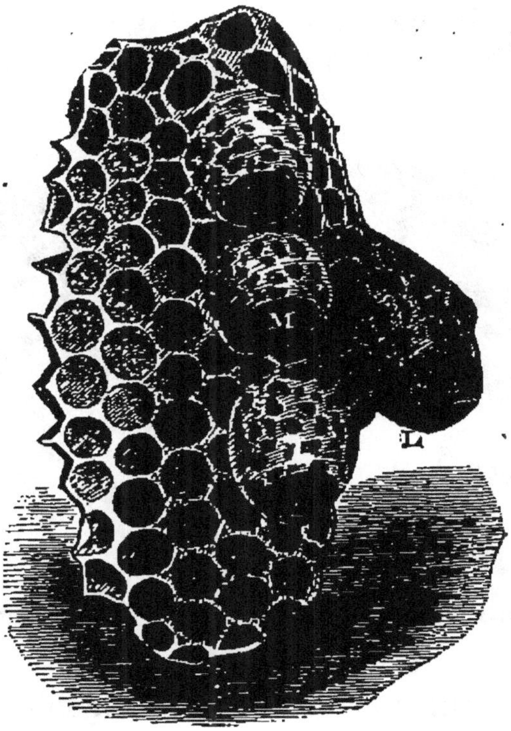

(*Fig.* 11.) Cellules maternelles.

abeille est parfois conduite au soleil par les ouvrières qui s'empressent de la lécher, de la sécher, de l'instruire, de lui donner le mot d'ordre; aussitôt après elle participe à la vie active de ses compagnes. L'abeille ouvrière met en tout vingt-un jours pour caquérir son complet développement. Les œufs de mâles, pondus dans des cellules plus vastes, subissent les mêmes transformations, mais n'arrivent à l'état définitif qu'après le vingt-quatrième jour de leur ponte.

Les œufs de reines ne diffèrent en rien de ceux des ouvrières ; il n'y a que la nourriture et la capacité de

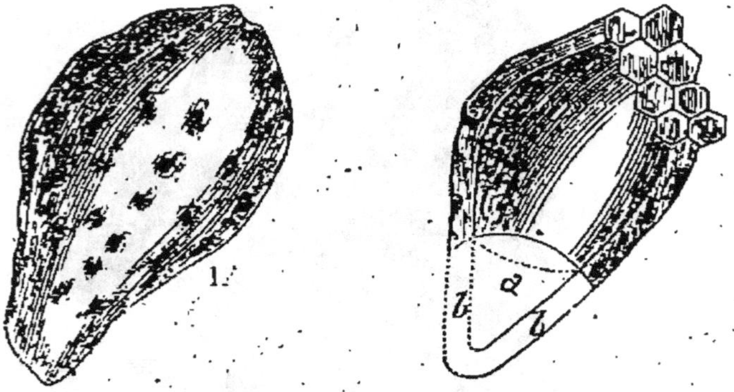

(*Fig.* 12.)

Cellules maternelles avant et pendant la métamorphose.

l'alvéole qui en opèrent le changement. Trois jours après qu'un œuf de reine est pondu, il en sort un ver qui reçoit une nourriture très-abondante et légèrement aigrelette. Son éclosion, sa croissance et sa métamorphose durent seize jours au bout desquels l'insecte est devenu une reine parfaite qui, retenue captive, n'attend plus que le moment favorable pour sortir de sa prison.

Il n'est, bien entendu, question ici que des divers

couvains de l'été; le couvain de l'hiver et des temps froids, pluvieux, est plus longtemps pour opérer ses diverses transformations.

24. **Du miel; miellée végétale.** — Le miel, que tout le monde connaît, est une substance fluide, douce, sucrée, que les abeilles recueillent au sein des fleurs ainsi que sur les feuilles et les tiges de quelques arbres qui, lorsque le temps est chaud et humide, se couvrent d'une espèce de manne, ou rosée sucrée. Cette transsudation des arbres prend le non de miellée et ne se produit que dans certaines années. Le miel est le produit principal, le but général du travail d'une colonie: c'est la nourriture ordinaire des abeilles. Le miel vierge est celui qui est déposé dans des cellules qui n'ont jamais servi de berceau au couvain; tel est, par exemple, le miel de la pièce superposée ou cabotin. Ces mêmes cellules forment aussi ce qu'on appelle la cire vierge.

25. **Miellée animale.** — Quelques auteurs, assez répandus dans nos pays, racontent que certains pucerons noirs, bruns ou verts, appelés aujourd'hui vaches laitières de la fourmi, placés en masses serrées autour des jeunes pousses du chêne, du tilleul, du prunier, du cerisier, du sureau, etc., où ils sucent la sève en perçant la peau de l'arbre, fournissent par leurs déjections qui tombent sur les feuilles ou à terre, un suc recherché des fourmis et des abeilles qui trouvent là une autre miellée pour grossir leurs provisions.

Depuis quinze ans que j'étudie ces pucerons, je n'ai pas encore rencontré ce fait; mais j'ai constamment reconnu que ces petits insectes sont les serviteurs très-humbles, je dirai même la propriété des fourmis qui, à l'approche de l'hiver les descendent au pied des arbres où ils ont vécu l'été, les logent entre et sous les racines, se nourrissant peut-être par là des sucs, des émanations des racines des arbres. Le printemps arrivé avec la végétation, les fourmis remontent péniblement sur l'arbre leurs insouciants pucerons qui se mettent à sucer la sève des rameaux et font sortir de leur postérieur relevé leurs déjections sous forme de petites gouttelettes qui sont aussitôt lapées par les fourmis en quête de cette nourriture. Lorsqu'une goutte apparaît, une fourmi se précipite immédiatement pour la gober; mais quand ces gouttelettes arrivent trop rarement les fourmis savent forcer les pucerons à leur en donner : elles frappent avec une patte de devant sur le derrière de l'insecte qui s'agite un peu et présente bientôt la goutte désirée près de laquelle se trouve précisément la bouche de la fourmi. Parfois le puceron fait bien sortir la goutte; mais si les fourmis sont rares et qu'au bout d'une minute elle ne soit pas lapée, l'insecte la fait rentrer pour la présenter de nouveau un instant après : ce petit manége se répète jusqu'à ce qu'enfin une fourmi se présente pour en faire ses délices. Il est bien possible que quand, sur certains arbres, la quantité des fourmis n'est plus en rapport avec celle des pucerons dont le nombre s'accroît avec une rapidité merveilleuse, les petites gouttelettes, plusieurs fois rentrées sans être sucées par les fourmis, finissent par se détacher pour être rejetées sur le feuillage inférieur ou à terre, où les abeilles viennent en faire leur profit. Mais ce sont là des cas qui ne se voient qu'en certains pays et à de rares intervalles, et vous ne devez pas plus compter là-dessus pour élever des abeilles que sur la mort d'un Iroquois pour centupler votre fortune.

26. **Place du miel dans la ruche; moyens de le distinguer du couvain.** — Le précieux butin des abeilles, pour être plus à l'abri des déprédations de leurs nombreux ennemis, occupe le haut et le fond de la ruche, plus difficiles à atteindre, plus faciles à garder. Les ouvrières emplissent les alvéoles et les cachètent en allant de haut en bas, et elles descendent ainsi, remplissant leur magasin, tant qu'elles trouvent d'abondantes provisions. On distingue facilement dans une ruche les couteaux de miel des gâteaux de couvain, et on n'a besoin de voir l'un et l'autre qu'une fois pour ne pas se tromper. Les couteaux de miel ont une surface unie, tandis que les gâteaux contenant le couvain présentent autant de sommités que d'alvéoles. Le couvercle qui renferme l'abeille future dans sa cellule est d'abord peu bombé; mais l'insecte en approchant de sa transformation repousse en dehors le couvercle qui devient plus bombé. Plus les bosses ainsi produites sont ap-

parentes, plus l'insecte est près de sortir de son berceau. On comprend que le renflement du couvercle

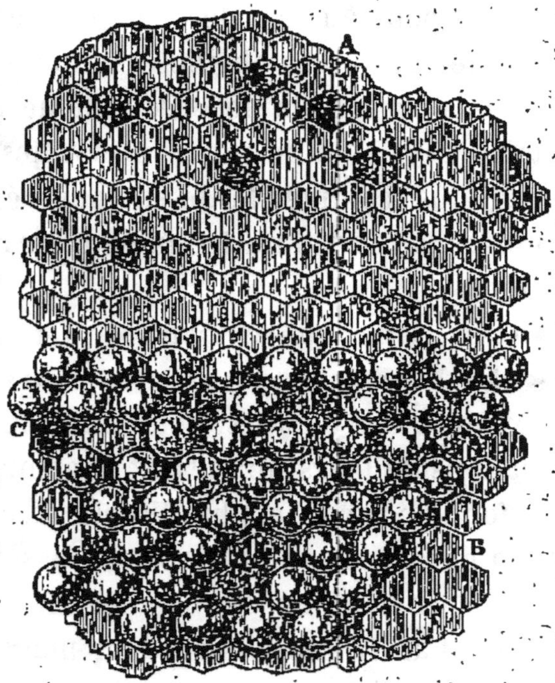

(*Fig.* 13.)

A. Miel. — B. Couvain. — C. Pollen.

n'a pas lieu si la nymphe est morte dans son alvéole : au contraire les allées et venues des ouvrières sur le couvain enfoncent le couvercle.

27. **Reines artificielles.** — Une ruche peut faire la perte de sa reine : si c'est pendant les gros froids de l'hiver, cette reine, avant de mourir, n'a

probablement pas pondu depuis quelques jours, et les

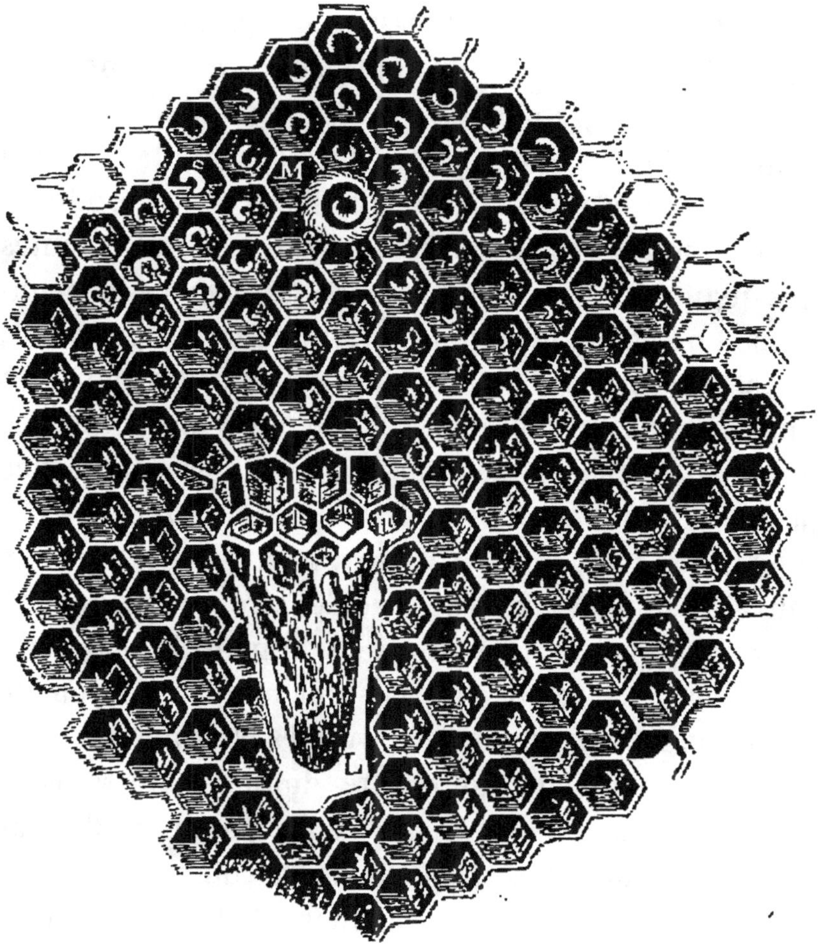

(*Fig.* 14.)

M. Alvéole agrandi pour élever la reine artificielle.
L. Profondeur de l'alvéole.

ouvrières presque engourdies par le froid ne peuvent la remplacer; la ruche se désorganise et ne tarde pas à périr. Mais dans toute autre saison de l'année, les abeilles, à la vue de leur reine morte, ne se découragent pas; elles s'empressent de prendre un œuf d'ouvrière, ou même un tout jeune ver, le premier venu; elles agrandissent sa cellule au détriment de celles qui sont tout autour, lui donnent la bouillie royale, et seize jours après que l'œuf a été pondu, il sort de son berceau une reine artificielle qui a toutes les qualités d'une véritable mère. Seulement sa fécondation ne peut pas toujours avoir lieu immédiatement, et cette mère ne pondra d'abord que des œufs de mâles; mais au moins la colonie aura une directrice en attendant que cette reine fécondée donne naissance à de nouvelles abeilles pour fortifier la ruche.

28. **Ouvrières pondeuses.** — Lorsque les ouvrières ont essayé trop tard de faire une reine artificielle, de même que lorsqu'en donnant la bouillie à une larve de reine elles laissent tomber un peu de cette nourriture dans les alvéoles voisins, les vers qui mangent cette nourriture donnent naissance à des ouvrières qui ont la faculté de pondre : elles reçoivent même les respects de leurs compagnes; mais elles ne peuvent se faire féconder, et elles ne pondent que des œufs de mâles.

QUATRIÈME LEÇON.

MALADIES DES ABEILLES.

Famine. — Moyens de reconnaître si les provisions d'une ruche sont épuisées. — Manière de donner la nourriture. — Autre procédé. — Troisième moyen d'alimenter les abeilles. — Secourir une ruche à l'agonie. — Moments où il faut donner la nourriture et précautions à prendre. — Conservation des ruches faibles en hiver. — Il faut faire en sorte de n'avoir jamais besoin de nourrir les abeilles. — Ruches qu'on est obligé de nourrir. — Entraves à la création d'un rucher.

29. **Famine.** — Les principales maladies des abeilles sont la famine, la diarrhée, la constipation, la loque, le jaune des pattes et le vertige.

Je range la famine parmi les maladies des abeilles, faute de pouvoir la placer ailleurs, et parce qu'il me tarde de parler d'une affection aussi grave. C'est vraiment la maladie la plus ordinaire et la plus terrible des abeilles. Cependant avec plus de précautions et un peu de diligence on peut la prévenir et en atténuer les fâcheux effets. Quand une colonie n'a plus aucune provision de miel et que les abeilles ne peuvent aller butiner faute de fleurs, ou parce que le temps froid, pluvieux, ne leur permet pas de sortir, les abeilles affamées perdent leur vigueur et meurent de faim dans la ruche.

30. **Moyens de reconnaître si les provisions d'une ruche sont épuisées.** — En hiver on pèse la ruche, on regarde par la bonde. Si elle est légère, que l'on ne voie plus aucune trace de miel dans l'intérieur, et que l'on trouve des abeilles mortes sur le plateau au milieu de débris de cire hachée, il est temps d'arriver à son secours. Au printemps les signes sont les mêmes; cependant on peut y ajouter ceux-ci : les abeilles sortent très-peu; celles des autres colonies, les pillardes, essaient de pénétrer dans la ruche; elles se battent avec celles du logis deux à deux à l'entrée du panier, roulent par terre, se quittent pour revenir recommencer la lutte jusqu'à la mort de l'une d'elles. Le soir elles font très-peu de bruit; le matin un grand nombre jonche le tablier sous la ruche. C'est alors qu'il n'y a pas à hésiter et qu'il faut distribuer la provision de miel qu'un apiculteur ne devrait jamais manquer de tenir en réserve.

31. **Manière de donner la nourriture.** — La nourriture qui convient le mieux aux abeilles est sans contredit le miel. A son défaut on le remplace par du sucre fondu dans très-peu d'eau : si l'on veut, on ajoute un peu de vin; cependant M. Hamet dit qu'il vaut mieux le boire. On met la nourriture dans une assiette; on coupe menus quelques brins de

paille ou autre chose qui flotte; on soulève la ruche et on place l'assiette; on repose la ruche sur son tablier et sur de petits supports, pour que le vase ne dégrade pas le bas des rayons, ou en exhaussant l'assiette au moyen de cales, si les rayons n'effleurent pas le tablier, afin que les abeilles soient en communication directe avec les provisions. Elles se posent sur les brins de paille, sucent la nourriture sans courir le risque de se noyer ou de se salir; en moins de deux heures la besogne est finie. Comme cette nourriture leur est plus que suffisante pour le moment, elles emmagasinent le surplus, en présentent à celles qui ne sont plus assez vigoureuses, et, dans tous les cas, n'en abusent jamais.

32. **Autre procédé.** — Comme presque toutes nos ruches communes ont une ouverture au sommet, il est préférable de donner la nourriture par le haut: de cette façon les ruches ne sont pas dérangées, décollées de dessus le tablier; les abeilles ressentent moins les effets de l'air vif qui pénètre aisément lorsque la ruche est placée sur des supports. On ôte la bonde de dessus la ruche, on prend, à défaut de nourrisseur perfectionné, un petit linge carré de toile déjà usée que l'on place sur cette couverture, en faisant faire la bourse au linge. On verse à cet endroit le miel qui s'écoule. Les abeilles se précipitent sur cette nourriture, s'en gorgent et vont en remplir leurs alvéoles: la besogne est bientôt faite; à peine s'aperçoit-on, au bout de quelques instants si du miel

a été versé sur le linge, tant celui-ci est sec et sucé. On place sur la ruche un cabotin pour éviter le pillage. On peut même, sans grand inconvénient verser le miel par la bonde: tous les alvéoles des rayons placés sous l'ouverture se remplissent naturellement, et les abeilles emmiellées sont bientôt nettoyées par leurs avides compagnes. Il n'y a que du miel que l'on peut verser ainsi par le haut. Toute autre nourriture, présentée en hiver surtout, serait très-nuisible aux abeilles qui ne prennent pour leurs besoins que le meilleur. Il reste à la surface des rayons une matière aqueuse qui englue les pattes des abeilles, leur amène de l'humidité, du froid et enfin un malaise qui les fait promptement mourir.

33. **Troisième moyen d'alimenter les abeilles.** — Vous avez une ruche faible, qui ne pourra pas passer l'hiver, ou résister aux mauvais jours du printemps, arrivez vite à son secours de la manière suivante. Le soir, quand les abeilles sont à peu près rentrées des champs, mettez sur une assiette du miel, et à son défaut du sucre dissous dans de l'eau, ou même toute autre chose sucrée, comme confitures, gelées de groseilles et autres dont les abeilles sont très-avides. Sur le liquide mettez quelques menus brins de paille: posez l'assiette sur un support devant le tablier, de sorte qu'elle soit au même niveau; mettez au bout d'un bâton un petit chiffon que vous tremperez dans l'assiette, et que vous ferez ensuite pénétrer dans l'entrée de la ruche. Vous le retirerez

aussitôt ; il sera garni d'abeilles ; vous le poserez sur l'assiette, et voilà la communication établie entre la ruche et les vivres. En très-peu de temps tout sera absorbé, sans que vos abeilles aient été troublées en aucune façon par leurs voisines. Chaque abeille sortant de butiner sur l'assiette a soin de voltiger un peu autour de la ruche et de rejeter pendant ce temps l'excédant de la matière aqueuse qui se trouvait dans la nourriture présentée et de rentrer ensuite déposer son butin. Pendant le printemps pluvieux et froid de 1873, si funeste aux ruches qui toutes étaient à bout de provisions, j'ai pu de la sorte nourrir un rucher sans avoir eu ni pillage ni accident. Je prenais une planche que je plaçais devant les paniers et sous laquelle je mettais des supports, de sorte que l'assiette que je plaçais devant chaque ruche effleurait juste le devant du tablier. J'établissais comme ci-dessus la communication entre toutes les ruches et leurs assiettes, et j'avais un spectacle qui donnait vraiment de l'espoir pour les colonies, des milliers d'abeilles bourdonnant à qui mieux mieux, et s'occupant de rentrer les provisions. Je remarquais les jours suivants, par un beau soleil, que cette nourriture ainsi administrée les fortifiait étonnamment. En enlevant l'assiette remplie d'abeilles qui se gorgent, et en la transportant à dix, vingt, trente mètres et plus, la communication s'établirait aussi bien avec la ruche, et cela ne vaudrait que mieux.

34. **Secourir une ruche à l'agonie.** —

Dans les jours critiques pour les ruches, en leur faisant une visite, vous en trouvez une qui ne donne plus signe de vie : vainement vous frappez contre la ruche en écoutant attentivement, vous n'entendez plus ce bruissement qui annonce que les abeilles veillent à leur conservation. Vous jetez un coup d'œil dans l'entrée de la ruche et vous apercevez le tablier jonché de cadavres ; vous retournez le panier et vous voyez les abeilles immobiles accrochées sur les rayons et le couvain. Si vous en trouvez quelques-unes qui remuent encore un peu les ailes, les pattes, la trompe, on peut les ramener à la vie. Vous vous empressez de râper du sucre, de saupoudrer de ce sucre les abeilles qui sont sur le tablier ainsi que celles qui sont dans la ruche. Au bout de quelques minutes, vous voyez les abeilles remuer un peu, faire usage de leur trompe saupoudrée de sucre, et petit à petit revenir à la vie. Bien des abeilles tombées sur le tablier remontent dans la ruche ; les autres qui sont mortes définitivement seront balayées de dessus le plateau. Ayant ainsi pris de la vigueur, vos abeilles reçoivent par le haut, comme précédemment, la nourriture qu'elles n'auraient pu d'abord aller absorber, mais qu'elles s'empressent ensuite de serrer dans leurs alvéoles. S'il faisait froid, vous emporteriez dans un local chaud la ruche avec son tablier pour faire le premier remède. Les abeilles rétablies, vous reporteriez la ruche à sa place pour leur donner immédiatement la subsistance par le haut. Si la ruche était morte depuis plusieurs jours, que les abeilles fussent sans aucun mouvement, raccourcies, repliées sur elles-mêmes, la trompe cachée, il serait trop tard, et le remède serait tout à fait inutile.

35. **Moments où il faut donner la nourriture et précautions à prendre.** — Le moment le plus favorable pour donner la nourriture aux abeilles, c'est le soir, à l'entrée de la nuit; il n'y a pas à craindre le pillage, et les abeilles font pendant la nuit paisiblement leur travail sans sortir dehors. Si le temps était calme, le soleil ardent, on pourrait sans grand inconvénient leur donner, surtout par le haut, la pâture au milieu de la journée. Les abeilles qui sortent vont de suite butiner et rapportent des secours à la ruche.

Si le matin on apercevait qu'une ruche fût dans la détresse, on trouverait le temps bien long d'attendre jusqu'au soir pour la secourir. On le peut tout de suite, même quand il fait froid, qu'il pleut ou que le vent est élevé; seulement on a soin de fermer préalablement l'entrée de la ruche. Si l'on ne prenait pas cette précaution, les abeilles, qui ont repris de la vigueur par la nourriture, sortiraient en foule de la ruche, sans craindre ni la pluie ni le froid, et s'abattraient transies dans la campagne pour ne plus rentrer.

36. **Conservation des ruches faibles en hiver.** — Il faut tâcher de pouvoir peser les ruches avant l'hiver; voir le no 105. Celles qui sont légères

sont mises avec précaution sur un linge déjà usé dont on prend les quatre cornes pour les lier ensemble; on porte posément la ruche dans une chambre un peu sombre et tranquille, et on la suspend dans sa position naturelle. Les abeilles n'auront pas trop froid pendant l'hiver et consommeront très-peu de nourriture; l'air qui passera à travers le linge leur suffira. Sur la fin de février, par un beau soleil, alors que les autres abeilles commencent à sortir, on détache la ruche, on la met dans le rucher sur son tablier en ayant soin de pourgeter aussitôt. On leur donne de la nourriture au besoin de la façon qu'il a été dit. Les abeilles n'ont point perdu de monde, sortent bientôt, prennent de la force à vue d'œil au point de pouvoir, la saison des essaims arrivée, produire un bon essaim. On a vu de cette manière conserver et faire réussir des essaims seconds, très-faibles, arrivés sur la fin de juillet.

J'ai fait l'application du procédé suivant qui m'a bien réussi. Pendant l'été je place sur mes bonnes ruches de petits cabotins qui sont bientôt remplis et que je conserve. A l'automne, je les applique sur les ruches pauvres qui ont ainsi sans peine leur provision de nourriture pour l'hiver.

37. **Il faut faire en sorte de n'avoir jamais besoin de nourrir les abeilles.** — S'il fallait nourrir plusieurs ruches pendant un certain temps, elles auraient bientôt mangé le bénéfice et même plus. Il faut donc, pour celui qui a bon nom-

bre de paniers, en mariant les essaims faibles ainsi que les ruches qui ne sont pas bien approvisionnées pour l'hiver, faire en sorte de n'avoir que de bonnes et fortes ruches. Certains apiculteurs ne donnent jamais à manger à leurs abeilles. Ils font ce qui dépend d'eux pour les bien gouverner, et les laissent se subsister de leur travail, disant qu'elles pourraient compter sur ces provisions toutes faites et devenir paresseuses.

38. **Ruches qu'on est obligé de nourrir.** — Mais pour celui qui n'a qu'une ruche ou deux, c'est bien autre chose. Il ne peut leur donner de la force par l'assemblage de plusieurs ensemble; il tient à pouvoir créer son petit rucher; il doit faire son possible, à l'aide des moyens indiqués plus haut, pour conserver chacun de ses paniers. Quand l'année n'est pas favorable, il faut des soins, des précautions, cela devient même coûteux, mais toutes les peines seront payées au centuple.

39. **Entraves à la création d'un rucher.** — On en voit beaucoup qui seraient amateurs de ruches. Quelquefois ils trouvent un essaim; souvent même ils l'achètent ou le reçoivent d'un ami; qu'ils sont contents! Mais voici que l'année a été mauvaise; l'hiver vient, l'essaim n'a pas amassé de provisions en suffisance; cependant on ne s'en occupe pas. Il arrive de là qu'au mois de février, lors du réveil des abeilles, l'essaim ne donne plus signe de vie; il est mort de faim et de froid. On dit alors qu'il était

trop petit, que ce n'était rien. Si l'on s'en procure un nouveau et qu'il fasse de même, on se console encore, et cette fois l'on dit : « Les ruches ne peuvent réussir derrière chez nous; elles ne s'y plaisent pas. » Mais essayez de faire comme il a été dit aux ruches faibles nº 36, et vous verrez qu'elles réussiront aussi bien dans votre jardin que partout ailleurs.

CINQUIÈME LEÇON.

MALADIES DES ABEILLES. (Suite.)

De la dyssenterie. — De la constipation. — De la loque. — Du jaune des pattes. — Du vertige. — Moyens d'employer une ruche morte. — Ruches vides que les abeilles viennent habiter.

40. **De la dyssenterie.** — Les populations fortes et bien approvisionnées sont rarement atteintes de maladies; cependant elles ne sont pas toujours à l'abri de la dyssenterie. Les abeilles prises de cette affection ne peuvent retenir leurs déjections qui salissent le plateau sous la ruche, les rayons, engluent les abeilles elles-mêmes; ainsi embarrassés, ces insectes qui, en cette circonstance, ne se secourent guère l'un l'autre, ne tardent pas à périr. Cette maladie arrive assez fréquemment au printemps, et provient de ce que les abeilles ont eu trop peu d'air pendant l'hiver, ont consommé du miel recueilli en l'arrière-saison, miel qui bien souvent contient trop

d'eau, et de ce que l'humidité a pénétré dans l'intérieur de la ruche. Aussi, pour prévenir comme pour guérir les abeilles de cette maladie, on doit laisser pénétrer assez d'air par l'ouverture, fermée d'un grillage qui doit seulement empêcher les souris d'entrer. Au premier jour d'un beau soleil d'hiver, les abeilles se hâtent d'en profiter pour sortir en foule et se débarrasser de leurs excréments. Si l'on étend du linge à proximité d'un rucher, elles le respectent peu; de là cette infinité de petites taches jaunâtres qui ne sont que les déjections des abeilles. On peut arrêter les progrès de la dyssenterie, non-seulement par le renouvellement de l'air, mais encore en changeant la nourriture des abeilles. On leur donne un sirop un peu chaud composé de miel, de sucre, d'eau et d'un peu de bon vin.

41. **Constipation.** — Lorsque les abeilles ont passé une grande partie de l'hiver sans sortir, leur abdomen est rempli de résidus, et elles n'attendent qu'un beau jour de soleil pour se hâter de se débarrasser. Mais quelquefois au lieu de soleil, il survient au contraire, dans le courant du mois de mars, des froids intenses, et les abeilles, pour en soutenir les effets, sont obligées d'absorber une plus grande quantité de nourriture. Ce qu'elles avaient déjà dans le corps, comme ce qu'elles viennent encore de consommer, forme une masse épaisse, et quand vient le beau temps elles ne peuvent rien rejeter. Elles sont lourdes; elles tombent sur le tablier ou dehors de la

ruche pour ne plus se relever. Quand cette affection a atteint dans une colonie par trop d'individus, il convient d'isoler la ruche pour éviter la contagion, et de leur donner le sirop indiqué pour la dyssenterie. Les abeilles malades refusent de manger, mais celles qui se portent bien prennent de ce sirop et se garantissent de la maladie.

42. **Loque.** — La loque est la pourriture du couvain mort dans les alvéoles. Lorsque les premiers jours du printemps ont été favorables aux abeilles, que les ouvrières butinent miel et pollen, la mère s'empresse d'étendre sa ponte et de déposer des œufs dans toutes les cellules qu'elle rencontre, et les nourricières donnent leurs soins au jeune couvain. Mais quelquefois il survient des froids, de la neige, de la pluie ; les butineuses sont retenues au logis. Bientôt, quand la ruche n'est pas riche, le couvain a épuisé toutes les provisions; la basse température fait remonter en haut les abeilles; elles sont forcées d'abandonner leurs nourrissons qui périssent de faim et de froid. Ce couvain mort se décompose et produit une odeur très-pénétrante qui peut devenir une peste pour les abeilles de la ruche, et même pour tout un rucher. Souvent le mal n'est pas considérable. Quand le soleil reparaît, les abeilles s'empressent de sortir les corps empestés, remplis de petits vers visibles à l'œil nu, et de nettoyer la ruche; mais parfois, il faut aider les abeilles. Pour cela on les chasse dans une ruche vide, au moyen de la fumée, que l'on produit en enroulant

un morceau de vieille étoffe et en mettant le feu à l'un des bouts du boudin, ou en entortillant autour d'une douille de soufflet cette pièce dans laquelle on allume le feu, ou encore en se procurant un enfumoir fait exprès. On coupe les gâteaux où se trouve le couvain loqueux, on brûle une mèche soufrée sous la ruche pour la désinfecter et on y réintègre les abeilles. On peut leur donner du miel dans lequel on aura mélangé un peu de soufre en poudre. On a soin aussi d'isoler les ruches malades dont l'infection et le voisinage nuiraient aux autres. Si plusieurs ruches loqueuses étaient faibles en monde, on pourrait réunir deux à deux les colonies n° 107 ; la guérison serait plus prompte et plus sûre.

43. **Jaune des pattes**. — Une autre maladie assez commune chez les abeilles est connue sous le nom de jaune des pattes. La tête et les pattes des abeilles qui en sont atteintes prennent en effet une teinte jaune; les abeilles perdent leur activité et meurent en grand nombre. Le remède est le même que pour la dyssenterie, n° 40.

44. **Vertige**. — Le vertige est une autre maladie qui atteint individuellement les abeilles, les empêche de voler; elles courent et tournent sur elles-mêmes jusqu'à ce qu'elles tombent épuisées. Dans certaines localités cette maladie est devenue épidémique depuis quelques années. Elle nuit beaucoup à l'essaimage, car elle arrive ordinairement en mai et en juin. Des

apiculteurs l'attribuent à la fleur du chanvre et des ombellifères. Nous nous dispenserons de parler de l'embarras des antennes et des poux des abeilles : ce sont des affections qui, ordinairement, n'attaquent que quelques individus et n'ont pas de gravité.

45. **Moyens d'employer avantageusement une ruche morte.** — Quand une ruche vient de périr, si c'est un essaim ou une jeune ruche dont les bâtiments sont bons, sans moisissures, sans mauvais goût ni vermine, gardez-vous d'enlever cette cire ; mais serrez votre panier dans un lieu sec, à l'abri des souris et des insectes. Lorsque vous aurez un essaim, prenez cette ruche et secouez-le dedans. Votre nouvelle colonie ne pourra manquer de réussir : les abeilles emmagasinent tout de suite le miel dans les rayons qu'elles ont nettoyés; elles ont ainsi, on le comprend, beaucoup d'avance. Si les rayons de cette ruche étaient remplis d'abeilles mortes, on couperait un rayon sur deux; on tirerait alors de leurs alvéoles toutes les abeilles à l'aide d'une épingle légèrement recourbée. On pourrait mettre l'essaim dans cette ruche sans ôter les abeilles mortes; les habitantes feraient elles-mêmes l'extraction et approprieraient leur nouveau local. Cependant si ce travail était trop considérable, il pourrait les décourager et les faire décamper.

46. **Ruches vides que les abeilles viennent habiter.** — Le moyen d'utiliser la ruche

morte dont il est parlé ci-dessus a été indiqué par les abeilles. Lorsqu'un essaim est sorti, il s'amasse après un arbre, une branche ou autre chose à sa convenance, et il envoie une députation de quelques abeilles pour la recherche d'un logement. Les abeilles ainsi en quête choisissent, de préférence à toute autre cavité, la première ruche vide qu'elles rencontrent sur leur passage, et bientôt l'essaim vient s'y établir. Si dans un rucher il y a quelques paniers vides que l'on laisse sur le plateau, il n'est pas rare de voir l'essaim sortant de la ruche voisine entrer immédiatement dans un de ces paniers et y rester. Il y a quelques années un propriétaire de ruches possédait un rucher de quinze paniers d'abeilles; mais pendant l'hiver une maladie contagieuse s'était mise dans le rucher, et tout avait péri. Notre homme découragé laisse en place ses paniers et ne s'en occupe plus. Le printemps de cette année a été très-favorable aux abeilles et il y a eu beaucoup d'essaims. Il est bon d'ajouter encore qu'il existe dans ce village au moins cinq cents ruches. Il est arrivé qu'à la fin de la saison de l'essaimage, les quinze ruches vides étaient toutes remplies d'essaims venant des ruchers voisins, et cela sans que personne eût aidé en aucune façon. A moins que Ducouédic n'ait eu raison. Cet auteur plein de prétentions, imbu de vieux préjugés, parle de la résurrection des ruches. Il prétend que le couvain d'une ruchée morte pendant l'hiver éclot à la chaleur du mois de juin et repeuple le panier d'abeilles. Si la chose est vraie pour quelques localités, et j'en doute, elle est assurément fausse pour notre région, et il périt si rarement des ruches riches en couvain que la chose n'a pas encore été vérifiée.

SIXIÈME LEÇON.

ENNEMIS DES ABEILLES.

L'homme destructeur de ses abeilles. — Guerre, pillage. — Causes du pillage. — Secourir une ruche au pillage. — Fausse teigne. — Les rongeurs. — Les oiseaux.

47. **L'homme destructeur de ses abeilles**. — Je connais peu d'insectes qui aient d'aussi nombreux ennemis que les abeilles. Leur butin est si précieux que chacun cherche à s'en emparer. L'un en veut à l'abeille, un autre à ses provisions; un troisième avale miel et abeilles avec une égale avidité. Les principaux de ces ennemis sont : L'homme étouffeur d'abeilles, les abeilles elles-mêmes, la fausse teigne, les rongeurs, les oiseaux.

On rencontre encore de nos jours et dans notre voisinage des apiculteurs, indignes de porter ce nom, qui ont des ruchers magnifiques. Ils élèvent avec intelligence, il faut le reconnaître, des ruches nombreuses qui amassent d'abondantes provisions; mais ils sont égoïstes et barbares dans leurs froids calculs. En automne, ils pèsent toutes leurs ruches, prennent les plus lourdes, en étouffent dans la fumée toutes les abeilles et s'emparent du contenu. Ils récoltent beaucoup de miel et de cire, vendent l'un et l'autre très-bien, et savent de cette manière se procurer des revenus. Ils disent pour raison qu'ils sont obligés de diminuer ainsi la quantité de leurs ruches dont le nombre ne pourrait, dans le même rayon, se multiplier à l'infini, et qu'il vaut mieux agir de cette façon que de voir les ruches périr au bout de quelque temps. A la lettre, il y a du vrai dans leur raisonnement, mais s'ils veulent s'emparer des provisions d'une ruche, au lieu de tuer les abeilles pour récompense de leurs services, qu'ils les chassent simplement; qu'ils ferment s'ils veulent l'entrée des ruches fortes; qu'ils mettent les abeilles des ruches faibles à l'état de bruissement en leur lançant un peu de fumée. Les abeilles chassées et privées de leurs demeures, comme au n° 106, entreront en suppliantes chez leurs voisines et seront bien reçues. Cela fortifiera les ruches pour l'hiver et ils trouveront par ce procédé un nouveau profit. Ils ne méritent pas qu'on leur indique ce moyen qui leur assure des bénéfices plus considérables; mais c'est la commisération que nous devons avoir pour les pauvres créatures qu'ils exterminent sans pitié qui force à rompre le silence. Et qui sait s'ils ne connaissent pas ce procédé, et s'ils ne négligent pas de s'en servir ?

48. **Guerre, pillage.** — Les individus d'une

même colonie vivent ensemble dans la plus parfaite intelligence; mais il n'en est pas toujours de même entre les ruches formant autant d'Etats distincts, et ayant chacune leur chef. Elles se font une guerre acharnée, où le plus faible devient la victime et la proie du plus fort.

49. **Causes du pillage.** — Le jour de la coupe, du nettoyage, de la visite domiciliaire des ruches, si l'on opère devant le rucher, qu'il y ait disette de fleurs, qu'on laisse en place de la cire ou un vase contenant quelque peu de miel, les abeilles des ruches du voisinage tombent en foule sur ces débris; puis quelques-unes voltigent autour des paniers remis en place, et tâchent, en amenant des compagnes, de forcer l'entrée d'uue ruche mal gardée. Les unes commencent le combat corps à corps, tandis que d'autres entrent dans la ruche et cherchent à détruire la reine. Puis quand elles ne rencontrent plus guère d'obstacles, elles se précipitent sur le miel, brisent les couteaux et désorganisent tout dans la ruche; une foule considérable d'abeilles entrent et sortent emportant toutes les provisions. Une ruche riche en miel et où il n'y a pas beaucoup de monde est sujette au pillage, et il ne faut que quelques abeilles hardies qui trompent la vigilance des gardiennes pour commencer le combat et amener la ruine de la colonie. Les abeilles pillardes s'adressent de préférence aux ruches faibles et à celles qui ont perdu leur mère. Il y a des abeilles dont le métier est, je crois, de rô-

der de ruche en ruche pour chercher un butin plus facile à amasser, et qui, trompant ou calmant les gardiennes en les imitant, en les contrefaisant à l'entrée, parviennent à la provision de miel, s'en gorgent pour revenir encore. Ce genre de pillage particulier a été constaté.

50. **Secourir une ruche au pillage.** — Au premier signal de l'invasion, il faut se dépêcher d'accourir, de rétrécir l'entrée de la ruche, de manière à ne laisser passage qu'à deux abeilles de front, d'asperger d'eau fraîche le tablier ainsi que les assaillantes. Si malgré ces moyens les pillardes continuent le combat, il faut lestement enlever la ruche, l'envelopper d'une étoffe légère et l'isoler du rucher. Si la ruche n'a pas souffert, que la reine n'ait pas péri, ce que l'on reconnaît par le bruissement des abeilles, on la reporte à sa place le soir à la nuit, ou même le lendemain, et on la surveille pendant quelques jours. Dans le cas contraire, on s'empare des provisions qui restent, miel et cire. Les abeilles échappées au carnage sont reçues en suppliantes dans les ruches voisines.

51. **Fausse teigne.** Voici sans contredit le plus sournois comme le plus terrible ennemi des abeilles. Un papillon de nuit, grisâtre, tacheté de petits points noirs, voltige autour des ruches, cherche à surprendre la vigilance des gardiennes, entre et dépose ses œufs dans les alvéoles vides au bas des rayons, ou, quand cela lui est impossible, dans les fentes du ta-

blier. C'est le même que celui qui se brûle les ailes à à la clarté de nos bougies. De ces œufs naissent, à la faveur de la chaleur intérieure de la ruche, ou du

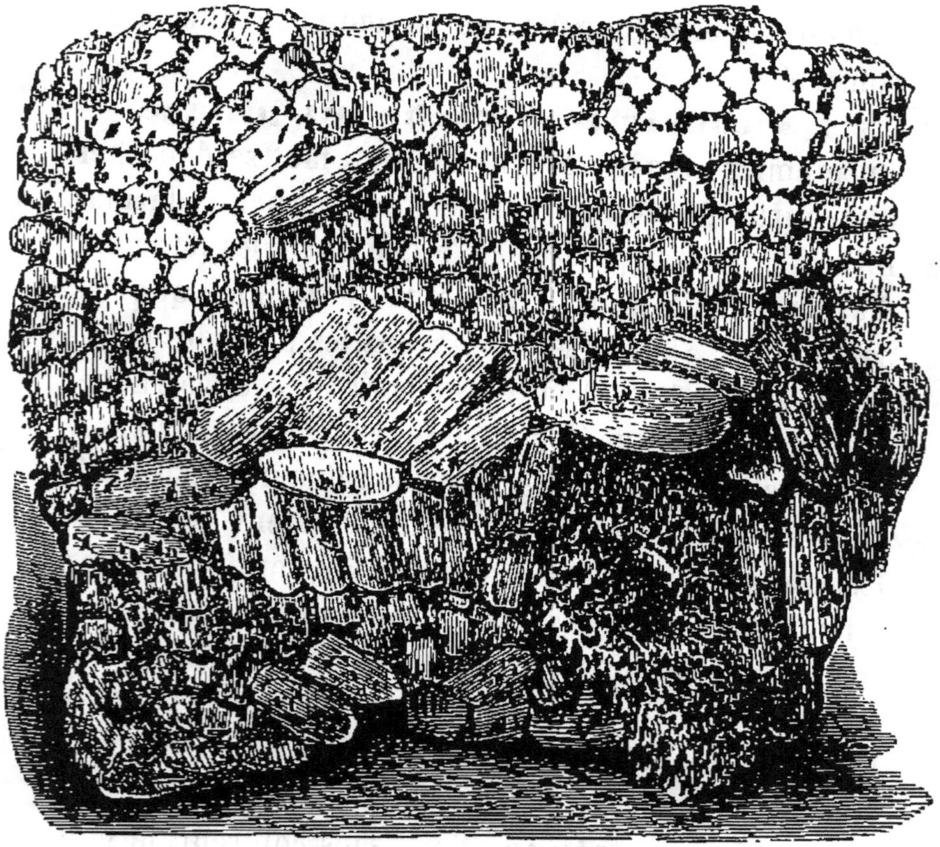

(*Fig.* 15.)

Rayon ravagé par la fausse teigne.

soleil de l'été, des chenilles blanchâtres, à tête écailleuse, qui gagnent petit à petit la ruche si elles n'y sont déjà, et s'installent au milieu des rayons, rongent la cire, se filent chacune un tuyau de soie blanche dans lequel elles s'enferment et qu'elles fortifient en y attachant les débris de la cire et leurs excréments. Elles s'avancent ainsi impunément mangeant miel et cire sur leur passage, et cherchant à se fixer au haut ou dans un coin de la ruche pour y être plus à l'abri des recherches des abeilles, y opérer à leur aise leur transformation, devenir des papillons. Ce vilain insecte s'établit particulièrement dans les ruches pauvres et vastes. Comme ces ruches ont peu de provisions et de monde, il ne faut guère de place aux abeilles qui sont groupées au milieu sur le couvain; elles négligent tout le reste où la vermine ne tarde pas à se fixer. Mais si la ruche parvient à résister à l'hiver, elle devient meilleure au printemps; alors les abeilles s'emparent des rayons qu'elles avaient abandonnés pour y déposer le miel, le pollen, y établir le couvain. Si elles y rencontrent les chenilles de la fausse teigne, elles entrent comme en fureur; elles leur font une guerre d'extermination et tirent chaque jour de l'habitation une foule de ces vers qu'elles emportent au loin. La nuit elles les traînent sur le devant de la ruche, et le matin on retrouve péries ces chenilles parmi leurs excréments que l'on reconnaît à leur forme longue et ronde, ainsi qu'à leur couleur jaune et brune. En écrasant ces grains sous l'ongle, on trouve que c'est simplement de la cire digérée. Jusque-là on peut laisser faire les abeilles qui finiront par maîtriser leur ennemi. Mais si les ouvrières ne sont pas assez nombreuses et énergiques pour s'opposer vite aux ravages de la fausse teigne, tout est bientôt perdu. Les chenilles percent les édifices; les alvéoles laissent échapper le miel qui tombe avec la cire hachée et leurs sales déjections sur le tablier. A ces signes on peut reconnaître que les dégâts sont graves. On s'empresse de retourner la ruche, d'examiner où est l'ennemi, d'enlever tous les rayons et les fragments où il se trouve et de la remettre en place, sans oublier de la bien calfeutrer tout autour, voir pourget n° 57. Si tout est en désarroi dans la ruche, il n'y a plus qu'à détacher le contenu et à réunir les abeilles à une autre colonie, n° 107.

Ce papillon se nourrit comme l'abeille, en suçant le nectar des fleurs. Pour le détruire dans les ruchers couverts, on prend un vase rempli d'eau, dans lequel on verse un peu d'huile grasse qui surnage; on y allume une veilleuse, et les papillons ne tardent pas à venir se brûler et se noyer. Dans les ruchers non couverts, ils sont souvent cachés sous le surtout ou paillasson qu'il suffit d'enlever avec précaution; on les trouve blottis contre les ruches dans les joints; on les écrase prestement; en recommençant souvent cette visite on peut en détruire beaucoup. Si vous ne connaissez pas les ravages de la fausse teigne, que vous n'ayez pas horreur de ces vilaines bêtes, vous n'avez qu'à laisser au grenier pendant l'année, sans vous en occuper, de la cire en gâteaux. Les insectes que je viens de vous signaler en tireront bien parti.

Je suis sûr que vous serez ensuite suffisamment édifiés sur leur compte, et que vous leur ferez la guerre par tous les moyens à votre disposition.

52. **Les rongeurs.** — Les rats, les souris, le mulot, la musaraigne sont en hiver les ennemis des abeilles. Ils s'introduisent dans les ruches par l'entrée quand on n'a pas eu soin de la fermer, ou percent celles en paille, et profitent de l'engourdissement des ouvrières pour manger miel, cire, abeilles, et s'y établir quelquefois avec leurs familles. Aussitôt que l'hiver est venu, on doit fermer l'entrée, non avec une cheville, mais au moins, quand on ne veut pas faire achat d'un fermoir perfectionné, avec une plaque de fer-blanc demi-circulaire percée de trous pouvant donner passage aux abeilles seulement, et maintenue avec des pointes fixées dans la paille ou dans le bois de la ruche. De cette manière les rongeurs ne peuvent s'y introduire, les abeilles reçoivent par les petites ouvertures ménagées le bon air qui leur est nécessaire. Les chats, les piéges, le poison sont des auxiliaires que l'apiculteur doit employer pour arriver à la destruction de ces animaux.

53. **Les oiseaux.** — Les piverts, lorsqu'il gèle fort, et qu'il leur est impossible de se nourrir de poissons, percent les ruches en paille à coups de bec, et attirent, dans l'ouverture qu'ils ont pratiquée, les abeilles dont ils sont très-friands. Un bon moyen à employer, c'est d'enduire, avec de bon mortier de chaux et de sable, les paniers situés dans les lieux

sujets à leurs déprédations; les ruches sont alors inattaquables et durent longtemps.

L'hirondelle et la mésange nourrissent d'abeilles leurs jeunes couvées; le moineau avale les larves blanches que les abeilles extraient de leurs ruches en été, et quelquefois aussi, dans sa précipitation, l'ouvrière qui emporte son fardeau loin de la ruche. On fera bien de donner la chasse à ces oiseaux et de ne pas les laisser approcher d'un rucher.

Les araignées, les guêpes, les frelons, les demoiselles, le papillon tête de mort, (énorme papillon de nuit), les fourmis, les philanthes, les lézards gris, les salamandres, les crapauds, les couleuvres sont autant d'ennemis des abeilles plus ou moins dangereux à qui l'on doit faire la guerre, ou tout au moins que l'on doit tenir à une distance respectueuse du rucher.

(*Fig.* 16.) Sphynx atropos (papillon tête de mort).

SEPTIÈME LEÇON.

HABITATIONS DES ABEILLES.

Diverses espèces de ruches. — Ruche vulgaire. — Tablier. — Pourget. — Autres ruches vulgaires. — Ruches à hausses. — Ruches à divisions verticales. — Manière de récolter ces dernières.

54. **Diverses espèces de ruches.** — Une ruche est une habitation faite par la main des hommes pour y établir une famille ou colonie d'abeilles. Les abeilles ne sont pas bien difficiles sur le choix d'une demeure, car primitivement elles n'avaient que les branches des arbres pour se suspendre et les anfractuosités des rochers pour s'abriter; aussi les voit-on réussir même dans des ruches très-délabrées. Mais on doit, pour la commodité des abeilles comme pour celle de l'homme, leur procurer toujours une habitation convenable. On ne s'est pas donné le mot pour construire de la même manière et avec les mêmes éléments le logement nécessaire à ce précieux insecte :

chacun s'est servi de ce qu'il avait de convenable sous la main. Voilà pourquoi il y a des ruches d'espèces et de matières bien différentes. Celles-ci sont en paille, en bois, en terre cuite, en liége; celles-là sont composées, compliquées, perfectionnées. Nous ne pouvons entrer dans des détails sur chacune de ces ruches que le génie de l'homme a créées. Mais nous parlerons de la meilleure de toutes ces ruches; car la question longuement débattue de savoir à quelle ruche il convenait de donner la préférence est maintenant résolue. Nos plus grands apiculteurs ont porté leur jugement : ils ont, d'un commun accord, reconnu que la meilleure de toutes les ruches est la ruche vulgaire en paille, surmontée de sa capote ou cabotin, ruche très en usage dans l'Est de la France. Nous allons d'abord nous occuper de celle-là.

55. **Ruche vulgaire.** — Cette ruche est faite en paille de seigle cousue avec des brins d'osier, de coudre ou avec d'autres petits bois pliants, selon les lieux. Elle est composée de deux pièces : l'une qui comprend le corps de la ruche, et l'autre appelée cabotin, calotte, cabochon, qui se place au-dessus comme chapiteau pour être enlevé à volonté. Celui qui a un peu de goût peut, en voyant une de ces ruches, l'imiter sans tâtonner beaucoup. On commence par le fond, en réservant l'ouverture du haut qui doit être plutôt grande que petite et avoir au moins six centimètres de diamètre. On fait le dessus de la ruche légèrement bombé en dehors et d'un diamètre de

trente-cinq centimètres. Le boudin de paille doit avoir en tout temps un décimètre de tour, et être entretenu dans cette grosseur au moyen d'une virole. Puis, quand le fond a le diamètre voulu, on donne une nouvelle direction à la couture pour faire les côtés. On fait en sorte que la ruche soit un peu plus

(*Fig.* 17.)

Ruche vulgaire en paille surmontée de son cabotin.

étroite en haut qu'en bas : si le dessus a trente-cinq centimètres de diamètre, le bas devra en avoir au moins quarante, le tout pris à l'extérieur. Lorsque le travail s'avance, qu'il ne faut plus qu'un tour pour que la ruche soit arrivée à sa hauteur qui est de trente-cinq centimètres, on ménage l'ouverture dont les côtés et le dessus doivent être solides, et les boudins à droite et à gauche renforcés avec des chevilles en bois, à moins qu'on ne laisse point d'entrée dans la ruche pour la pratiquer dans le tablier, ce qui vaudrait encore mieux et voici comment. Les abeilles, en s'emparant d'une ruche pour l'habiter, construisent leurs rayons dans le sens de la porte ou en tra-

(*Fig.* 18.)

Ruche vulgaire laissant voir les rayons du cabotin.

vers; mais c'est un fait reconnu que cette dernière direction est préjudiciable à la prospérité de la ruche. Si les abeilles ont élevé leurs bâtiments de cette façon dans une ruche dont l'entrée est faite dans le tablier, on n'a qu'à retourner un peu cette ruche, mettre le bout des rayons vis-à-vis la porte et le mal est réparé. En pratiquant l'ouverture dans la ruche, comme on le fait communément, on peut attacher en haut des morceaux de bois de la même largeur que les rayons, vingt-sept millimètres; les abeilles commencent leurs rayons le long de ces barrettes et on a la direction voulue.

Les dimensions données, pour la confection de la ruche, étant assez bien observées, la capacité en sera de vingt-cinq à vingt-huit litres, ce qui est suffisant. Celui qui veut des ruches plus ou moins spacieuses peut augmenter ou diminuer à volonté celles des dimensions qu'il lui plaît. La ruche finie, on la met sur un feu qui flambe bien à l'intérieur pour brûler tous les brins de paille qui dépassent, afin que les abeilles aient moins de peine pour les arracher, et on la tient en réserve pour s'en servir quand la saison des essaims sera venue. Cette ruche réunit plusieurs avantages, dont les principaux sont de bien conserver la chaleur en hiver, de ne pas trop s'échauffer en été, d'avoir ses abeilles plus matinales et des essaims plus précoces. Ici, le prix de cette ruche varie, selon la capacité et la bonne confection entre 1 fr. 50 et 3 francs. En fait de ruche, on ne peut rien trouver de mieux confectionné et de plus convenable que chez M. Pinjon, instituteur de Bugnières, Haute-Marne, apiculteur distingué, qui livre chaque panier au prix de 2 fr 50.

La pièce du haut, le cabotin, se fait de la même manière, mais avec des dimensions proportionnellement bien moins grandes. Sa capacité varie entre six et neuf litres. Un cabotin de huit litres plein de miel peut en contenir de huit à neuf kilogrammes. Il peut être aussi en bois, en vannerie, en faïence, en verre. M. Hamet a fait des récoltes de miel dans l'écorce dure d'une moitié de citrouille.

56. **Tablier.** — Le tablier, nommé aussi plateau, planchette, est un assemblage de planches gravées et

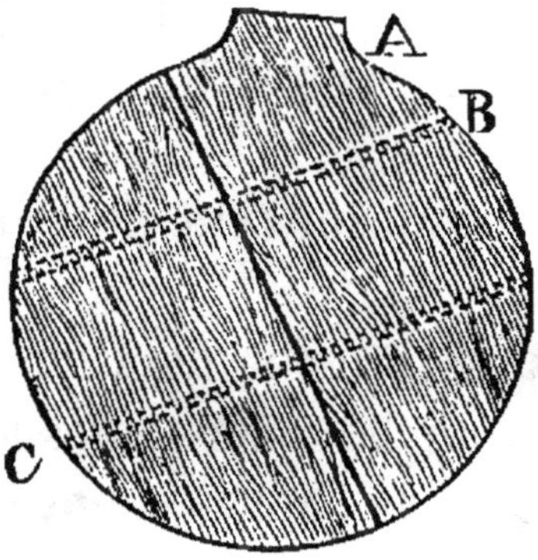

(*Fig.* 19.) Tablier.

A. Menton à l'entrée de la ruche.
B. C. Traverses sous le tablier.

taillées le plus souvent en rond, sur lequel repose la ruche. On laisse un menton sur le devant afin que les abeilles venant de butiner puissent plus facilement pénétrer dans la ruche, et que celles nouvellement écloses aient de la place pour se faire sécher. Pour une ruche isolée, surmontée de son surtout, le plateau doit être fort, en bon bois dur, consolidé par des traverses placées en dessous pour que l'intempérie des saisons ne le fasse pas déformer, car la déformation décolle la ruche et donne prise à la vermine. Lorsque la ruche est placée sous le rucher couvert, on peut se contenter à la rigueur d'une planchette légère de bois blanc. Quand on fait l'entrée de la ruche dans le tablier, on creuse dans la planche une entaillé de quatre ou cinq centimètres de largeur et d'un bon centimètre de profondeur, et qui prend naissance sous la ruche pour être creüsée davantage dans le menton et sur le bord du plateau. Les abeilles sortent plus facilement de la ruche les corps morts et leurs débris qui glissent sur cette pente sans beaucoup d'efforts.

57. **Pourget**. — C'est le nom que l'on donne au mortier qui sert pour boucher toutes les issues inutiles entre le tablier et la ruche, et entre celle-ci et son cabotin. Ce mortier se fait avec de la chaûx et du sable par parties égales, ou avec de la bouse de vache mélangée de cendre et d'un peu de terre glaise. Ce dernier mortier, ou simplement la bouse de vache, se nomme également onguent de saint Fiacre.

58. **Autres ruches vulgaires**. — On fait aussi des ruches avec du petit bois, comme de l'osier, de la viorne, du troène. Les bûcherons, les gardes, les fermiers dans les bois se servent parfois de ces ruches qu'ils enduisent en dehors avec du bon mortier de chaux; elles ne sont pas à dédaigner, seulement il faut beaucoup de propolis pour niveler l'inté-

rieur et empêcher le froid de pénétrer, et il en coûte bien des peines aux abeilles pour se la procurer. Dans certains ruchers on remarque encore la ruche carrée en bois que l'on confectionne à la hâte quand les essaims sont nombreux et que l'on manque de ruches en paille. Dans le midi de la France, on rencontre la ruche en terre cuite recouverte d'un tapis de paille, et celle en liége que l'on fait d'une seule pièce en écorçant un chêne-liége, et en fermant l'un des bouts avec un couvercle de même matière.

59. **Ruches à hausses**. — Le cadre dans lequel j'ai promis de me renfermer ne me permet pas de parler de cette ruche avec les détails qu'elle comporte. Je dirai seulement que c'est un panier ou une boîte composée le plus souvent de trois parties appelées hausses ou cases qui se superposent et qui ont exactement les mêmes dimensions. Ces hausses séparées par des fonds à claire-voie et liées entre elles par des mains de fer, des crochets, sont pourgetées et forment le corps de la ruche. Veut-on nettoyer la ruche? on ôte la hausse inférieure remplie de cire, de rayons plus ou moins avariés. Veut-on du miel en été? on ôte celle du dessus pour y en mettre une autre. Veut-on remplacer les gâteaux trop vieux, formés de cellules étroites qui ne donnent plus naissance qu'à des abeilles mal conformées? on ôte celle du milieu après la saison de l'essaimage pour la remplacer encore. D'autres fois on se contente de retrancher régulièrement chaque année, après la sortie des essaims,

la hausse supérieure remplie de miel et d'en mettre en même temps une vide dans le bas. On voit, par ces combinaisons que l'on peut multiplier à l'infini, quel bon parti on peut tirer de cette ruche. Mais elle n'est réellement avantageuse qu'entre les mains ha-

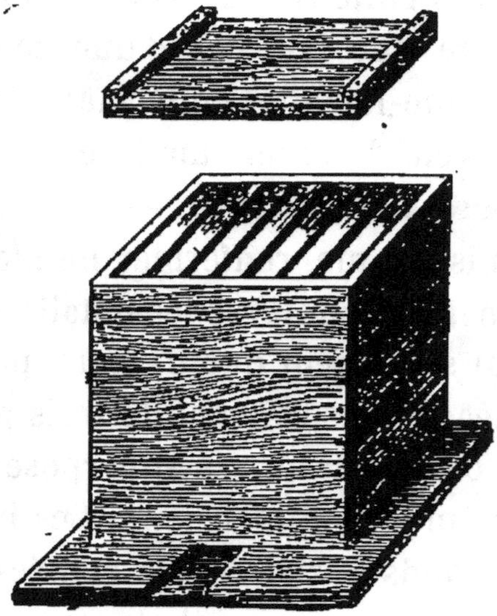

(*Fig.* 20.)

Ruche à hausse en bois laissant voir les barrettes à rayons.

biles du grand apiculteur qui a du temps, du goût, pour s'occuper spécialement et à chaque minute de ses abeilles. Nous renvoyons celui-là au traité de M. Hamet qui fait si bien ressortir les avantages de la ruche à hausses.

On a vu et l'on comprend que toutes les hausses,

pour s'ajuster l'une sur l'autre avec précision, doivent avoir exactement le même diamètre, la même circonférence. On a tout avantage à confectionner les hausses en paille à l'aide d'un métier fait exprès. Celui de M. Durant, décrit par M. Hamet, est très-commode et

(*Fig.* 21.)

Ruche à hausse en paille. — A. Bonde. — B. Couvercle mobile.

très-expéditif. Comme j'ai voulu introduire la ruche à hausses dans mon rucher, j'ai commencé par reproduire de mon mieux le métier Durant. Cependant il y a deux choses qui sont un peu différentes. La première, c'est que toutes les parties de la petite machine sont en bois. La seconde, c'est que l'ouvrier, au lieu de tourner autour du métier, reste, tout en travaillant, immobile sur sa chaise, tandis que le plateau circulaire qui porte la hausse tourne par un tour de main, et que les deux cylindreurs placés sur l'ouvrage pour régulariser le diamètre sont fixes.

Le dessus de la ruche à hausses se fait séparément d'une forme plate. Il se fait aussi en forme d'un demi-globe, mais sur un métier spécial très-simple. Il a le même diamètre que les hausses et se rattache au corps de la ruche avec des mains de fer. Pour coudre les cordons, je me sers d'une aiguille longue d'un décimètre et légèrement recourbée. Pour la faire, je prends un morceau de tôle, un fragment de scie, par exemple, que je découpe de la longueur voulue et d'un bon centimètre de largeur; je replie dans le sens de la longueur, puis de forts coups de marteau à l'un des bouts font adhérer les feuilles repliées : ce sera la pointe qui sera aiguisée un peu en bec de cane. L'autre bout laisse un petit vide entre les deux feuilles, c'est là que je fais entrer le bout effilé de l'oseraie ou de la coudre qui y est serré fortement. Si en cousant il casse dedans, je fais chauffer l'aiguille et le bois à demi-consumé sort sans difficulté.

60. **Ruches à divisions verticales.** — La plus simple de ces ruches est la ruche en bois carrée se séparant par le milieu de haut en bas en deux parties égales. C'est Jonas de Gilieu qui en fit le premier usage, et c'est sa confection très-simple qui me l'a fait adopter dans mon rucher en plein air où on la voit depuis plusieurs années. Jusqu'alors j'en suis

très-content, tant pour le produit en miel que pour l'essaimage artificiel. Cependant je n'oserais dire que c'est la meilleure des ruches. Elle est, par sa forme, par son élégance d'un joli effet dans le jardin. Elle fait voir que celui qui la possède s'occupe des abeilles; elle l'aide à en imposer, à jeter un peu de poudre aux yeux des passants qui demandent avec défé-

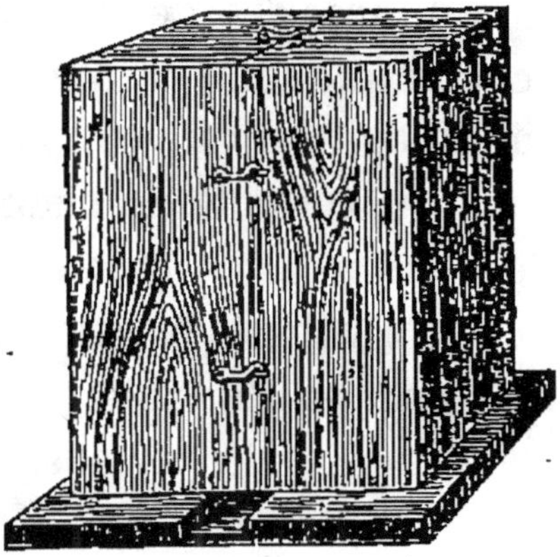

(*Fig.* 22.) Ruche à divisions verticales.

rence et écoutent avec moins d'indifférence des avis sur la culture trop négligée des abeilles. Dans ma passion pour ces insectes, qu'on me le pardonne, il ne me répugne pas, je l'avoue, d'employer de tels moyens.

Revenons à cette ruche que j'appelle quelquefois la ruche champêtre à cause de sa facilité à être transportée. Elle est faite de bonnes planches de sapin; à l'intérieur elle a trente-cinq centimètres de hauteur, vingt-sept de profondeur et trente de largeur; sa capacité est de vingt-huit litres. Les deux compartiments, de mêmes dimensions, ont, l'un les graves larges et profondes, l'autre les filets très-minces pour faciliter le raccordement; ils sont réunis au moyen de crochets. A l'intérieur sont attachées, contre le fond supérieur, des barrettes qui convergent vers la porte et invitent les abeilles à construire leurs rayons dans la direction désirée. Le dessus est percé de quatre trous qui communiquent avec une pièce que l'on met en haut, un chapiteau qui est fait en forme de toit et maintenu au corps de la ruche avec des crochets. Près de chaque trou est placé un petit volet qui ouvre ou ferme à volonté la communication entre les deux compartiments. Un tablier carré, avec menton où se trouve pratiquée la porte, supporte la ruche qui est fixée à l'aide de crochets. A son tour, le tablier est supporté par quatre pieds forts qui prennent de l'évasement et qui sont plantés à la fois dans les traverses et dans le tablier. On n'aurait qu'à adapter derrière deux bretelles et on pourrait très-commodément la transporter d'un lieu à un autre, s'en servir pour mettre les abeilles à portée des fleurs mellifères et faire en peu de temps une bonne récolte de miel. De chaque côté de l'ouverture se trouvent deux petites planchettes attachées par une vis à bois. En rabattant l'une sur la porte, il est défendu aux souris de pénétrer, tandis que les abeilles peuvent entrer et sortir par de petites ouvertures en dents de scie; en abaissant l'autre, elles sont retenues prisonnières, mais elles ont de l'air en suffisance par de petits trous très-serrés.

61. **Manière de récolter, de faire un essaim artificiel.** — A la coupe on se contente de retourner la ruche, de la nettoyer en rognant le bas des rayons. La récolte se fait plus tard, après la sortie des essaims et quand il y a peu de couvain, par l'enlèvement d'une division que l'on remplace par une vide. On chasse les abeilles de la division enlevée soit par la fumée, soit en la tapotant après l'avoir renversée. Les abeilles ne tardent pas à rentrer, à se mettre en communication avec le compartiment vide et à y établir leurs édifices.

Pour faire un essaim quand la saison est venue, nº 80, on décroche de tous côtés les deux divisions et on les sépare doucement. A côté de chaque division on en place une vide; les deux nouvelles ruches sont placées sur leurs tabliers respectifs; l'essaim est fait. On a deux ruches du même âge qui ont déjà des provisions et qui ont devant elles toute la bonne saison pour les augmenter; la ruche qui n'a pas de reine saura bien s'en procurer une. On opère le soir par un temps calme, quand presque toutes les abeilles sont rentrées. Si les deux populations des nouvelles ruches étaient très-inégales, on mettrait la plus faible à côté de la plus forte; on fermerait l'entrée de cette dernière. Les abeilles échappées pendant l'opération ainsi que celles qui reviennent des champs entreraient en foule dans la ruche faible, et l'équilibre serait bientôt rétabli. Il peut surgir d'autres petites difficultés, mais l'opérateur doit s'exercer à les lever, car il faut savoir être ingénieux, là est le secret de l'apiculteur. Les ruches et le chapiteau reçoivent à l'extérieur une bonne couche de peinture blanche ou grisâtre à l'huile qui conserve le bois et empêche les gerçures. En hiver et dans les jours trop chauds de l'été on peut les couvrir du surtout n° 66.

HUITIÈME LEÇON.

ÉTABLISSEMENT DU RUCHER.

Emplacement. — Exposition. — Rucher couvert. — Rucher en plein air. — Capuches. — Prospérité d'un rucher. — Distance parcourue. — Moyens d'avoir beaucoup de ruches. — Achat de ruches. — Transport des ruches.

62. **Emplacement.** — Un des points les plus importants dans la culture des abeilles, c'est l'emplacement à choisir pour établir le rucher : c'est de là que dépend sa prospérité aussi bien que les bénéfices de l'apiculteur. Il faut avant tout examiner si les fleurs mellifères sont assez abondantes dans le rayon pour permettre aux abeilles de faire de bonnes provisions. Si à proximité de l'emplacement choisi se trouvent des vergers, des jardins nombreux et bien soignés, une prairie avec un ruisseau bordé de peupliers ; si un peu plus loin on rencontre les champs où l'on cultive le colza, la navette, le sainfoin, la luzerne, le sarrasin ; si au troisième plan se trouve une forêt où abonde le cornouiller, le noisetier, le tremble, le verne, le marsault, l'érable, l'orme, le

tilleul, le chêne, on peut être certain que le rucher rapportera de beaux profits. Quelques-unes de ces conditions suffiraient pour la réussite des colonies, car nous ne parlons pas de ces fleurs qui se reproduisent naturellement et qui, par la multiplicité des espèces se succédant les unes aux autres, offrent aussi pendant toute la bonne saison de précieuses ressources à nos butineuses.

63. **Exposition**. — Le nord et l'ouest ne sont en général pas favorables à l'exposition du rucher. Le midi vaut un peu mieux, mais il échauffe trop les ruches en été; la cire, ramollie par l'effet de la chaleur, peut laisser couler le miel; en hiver le soleil pénètre dans l'ouverture, anime les abeilles qui, trompées par ces rayons, sortent pour faire leurs évolutions, sont surprises par un air vif, un coup de vent, et périssent engourdies par le froid. L'exposition du sud-est est la meilleure; elle abrite mieux les ruches contre les orages, les pluies et le soleil ardent; les abeilles sont invitées à butiner de bon matin. On tourne l'entrée de chaque panier en face du soleil à dix heures. On place les ruches soit sous une espèce de hangar, appelé rucher couvert, soit en plein air et disséminées dans une propriété. Ce sont donc deux manières différentes d'établir le rucher.

64. **Rucher couvert**. — Le rucher couvert doit avoir une hauteur d'au moins 1m 80 pour aller à la naissance de la gouttière, être assez profond pour pouvoir vaquer derrière les paniers, les crépir, pour-

geter au besoin, et avoir une longeur proportionnée au nombre des ruches qu'on a dessein d'obtenir et d'entretenir. On met les paniers sur deux rangs superposés en ayant soin de placer d'abord des traverses d'une force convenable, et sur ces traverses les tabliers ou planchettes qui sont distinctes et sur lesquelles repose chaque ruche. Ce moyen donne la facilité d'en-

(*Fig.* 23.) Modèle de rucher couvert.

lever les ruches pour en connaître le poids sans déranger le travail des abeilles, de les changer de place au besoin, d'en distraire du rucher, en opérer la vente. Chaque étage aura au moins 0m 80 de hauteur, afin de pouvoir placer et superposer facilement des ruches, des cabotins. On fait en sorte que la toiture du rucher, qui a laissé pénétrer le soleil du matin jusque dans l'ouverture de chaque ruche, pour les stimuler, comme il a été dit, de bonne heure au travail, donne de l'ombrage à l'entrée des paniers depuis onze heures jusqu'à trois heures; car une ruche, dont l'ouverture reçoit le soleil brûlant du milieu du jour s'épuise, se ruine en voulant produire des essaims petits, incomplets et qui réussissent rarement. Certains propriétaires de ruches ne tiennent pas à ce rucher à deux versants égaux dont l'un fait découler ses eaux par devant; les abeilles pendant la pluie sont, disent-ils, noyées à leur passage. Je me suis assuré de la chose et j'ai reconnu qu'il n'en est rien. Aussitôt qu'un nuage noir obscurcit le soleil, les abeilles rentrent en foule; quand la pluie tombe, il n'en reste plus guère dehors, et avant que le toit laisse tomber ses eaux, quelque prompt que soit l'orage, toutes ont retrouvé leur logis. Du reste ces ruchers sont là, avec leurs ruches remplies d'abeilles, pour plaider leur cause. Dans tous les cas, ils valent bien mieux que ceux qui déversent toutes leurs eaux par derrière, et dont la face béante, élevée, donne prise au vent, à la pluie, à la neige, et où les ruches, la plupart du temps, ne sont pas abritées du tout.

65. **Rucher en plein air.** — Celui qui commence à élever des abeilles et qui a un, deux, trois ou quatre paniers ne se met pas de suite à construire un rucher couvert; ses ruches sont isolées et établies en plein air où elles réussissent tout aussi bien qu'autrement; et, quoique le rucher couvert exige moins de soins, on trouve des apiculteurs dont toutes les

ruches que l'on compte par douzaines, sont disséminées avec art ou çà et là dans leurs propriétés. On commence par prendre trois pieux forts et en bois dur que l'on enfonce en terre à une certaine profondeur, les laissant déborder de trente centimètres environ. On fait ensuite à l'extrémité des pieux, avec une mèche anglaise, des trous qui recevront chacun une petite cheville; on place alors la planchette au-dessus, et, à l'endroit où pose le bout de chaque cheville, on fait également sous le plateau trois trous

(*Fig.* 24.) Ruches en plain air.

peu profonds; les chevilles, en replaçant le tablier, entrent dans ces trous et il y a solidité. Par ce moyen, plus avantageux que le clouage, les ruches ne craignent pas les forts coups de vent; elles sont immobiles, hors de la portée des rongeurs, et on peut, avec leurs tabliers, les enlever à volonté. La tablette est quelquefois aussi une pierre plate calcaire, de forme à peu près circulaire que l'on pose sur les pieux; son poids seul la maintient assez. Je me sers du niveau des maçons pour être plus sûr dans la pose des tabliers que je mets en travers dans la position horizontale, mais que je fais pencher en avant de deux degrés ; quand ils penchent autrement, j'ai remarqué que les corps morts qui tombent des rayons roulent et s'arrêtent contre les parois intérieures de la ruche où souvent ils restent et moisissent. Dans quelques contrées, on se contente de faire un tas de pierres et de mettre le plateau dessus. Ce moyen est défectueux : les souris, les mulots, les rats, logés dans ces pierres, montent facilement, et profitent quelquefois en hiver du peu de vie des abeilles, et d'un moment où la ruche n'a pas son entrée fermée, pour manger cire, miel et abeilles.

66. **Capuches**. — Sur chaque ruche isolée il faut une capuche, appelée aussi surtout, paillasson. Ces capuches qui, pour plus de durée, sont de paille de seigle ajustée, peuvent se faire en cousant le bas et même le milieu avec de la ficelle, ou mieux avec du fil de fer ordinaire ou galvanisé. On lie fortement le haut et on rabat ensuite par devant le bout des épis ; on lie une seconde fois en y comprenant les épis repliés : cela facilite l'écoulement des eaux pluviales. Pour enlever et remettre la capuche ordinaire, cette gerbe de paille liée par le haut et qui entoure la ruche, il faut mille précautions, et on ne peut l'ôter qu'à de rares intervalles, car à chaque fois cette capuche se trouve fortement endommagée. Avec la

mienne, rien de tout cela; vous la prenez d'une main par le sommet, et, pendant deux ans, vous l'enlevez, vous la remettez plusieurs fois chaque jour, si cela est nécessaire, sans la déformer ni la briser.

67. **Prospérité d'un rucher.** — Le nombre des ruches dans un rucher ou dans un village est en rapport avec l'étendue que les abeilles peuvent parcourir et avec l'abondance des fleurs mellifères. Ainsi, dans un pays aride, pauvre en fleurs, on ne pourra entretenir qu'un nombre limité de ruches, et quoi qu'on fasse, arrivé à certain chiffre, il sera difficile de l'augmenter. On aura des essaims, il est vrai, mais l'année suivante bon nombre de ruches auront péri. On a vu des ruchers de soixante, quatre-vingts paniers ne pas pouvoir augmenter ce nombre, diminuer de chiffre, puis y revenir sans jamais le dépasser. L'augmentation extraordinaire qui pourrait arriver viendrait de la diminution d'autres ruchers dont les abeilles butinent dans les mêmes lieux.

68. **Distance parcourue.** — Ceux qui ne connaissent les abeilles que de vue disent assez volontiers qu'elles vont butiner à plusieurs lieues à la ronde. Elles le pourraient effectivement, mais placées dans de telles conditions, elles ne pourraient suffire à leurs besoins. Elles ne se donnent pas autant de mouvement, et les fleurs à proximité d'un rucher, d'un village, sont plus souvent visitées par les ouvrièresque celles qui sont éloignées. Il y a quelques années, obligé d'aller dans une ferme, située à trois

kilomètres de tous pays et de tous ruchers, je me mis en route par une chaude matinée du mois de juin. En sortant du village, j'entendais le bourdonnement des abeilles butinant sur les fleurs, comme si un essaim eût passé sur ma tête; mais en arrivant à la ferme et traversant une prairie magnifique, des champs de navette, de colza, de sainfoin en fleurs, je ne vis, je n'entendis plus rien. C'était le silence du désert. J'apercevais seulement de loin en loin quelques bourdons qui faisaient ample moisson. Aussi, pour que les abeilles puissent faire de bonnes récoltes sans se donner beaucoup de peine, il y a tout avantage à établir le rucher dans un site où les fleurs sont abondantes et se succèdent pendant toute la bonne saison.

69. **Moyens d'avoir beaucoup de ruches.** — Nos meilleurs apiculteurs, ceux qui comptent leurs ruches par centaines, savent fort bien ce que nous avons dit sur la prospérité d'un rucher, ainsi que sur la distance parcourue par les butineuses. Aussi ont-ils un rucher dans chaque contrée du territoire de leur commune où l'emplacement leur paraît convenable, et où les abeilles sont à portée de bons pâturages. Ils n'ont vers leur demeure qu'un rucher ordinaire dans lequel ils placent les ruches à hausses, à tiroirs, les ruches pauvres, malades qui reçoivent leurs soins avant qu'ils ne soient obligés de les marier avec d'autres colonies. Ils en mettent à bail dans les villages voisins où ils savent qu'elles réussiront, de sorte qu'en additionnant toutes

les ruches qu'ils ont par-ci par-là, on arrive bientôt à un chiffre considérable. Si les apiculteurs se partageaient le territoire et établissaient des ruchers dans tous les endroits propices de manière que les fleurs fussent toutes visitées par les abeilles, on pourrait avoir au moins quatre fois plus de ruches qu'on en entretient. Les soins seraient plus onéreux, mais aussi ils seraient largement payés par les profits. Ce que je viens de dire ne s'applique pas, on le comprend, aux contrées de la France où, comme dans le Gâtinais, la Bretagne, le Languedoc, les fleurs mellifères sont si abondantes, si riches en sucs que l'on peut, dans le même rucher, avoir un nombre pour ainsi dire illimité d'abeilles, car il fut un temps où l'on a compté plus de huit cents ruches dans le rucher d'un grand apiculteur de l'une de ces provinces.

70. **Achat de ruches.** — C'est au printemps que l'achat des ruches est le plus avantageux; les abeilles ont passé la mauvaise saison; on recueille du miel si la ruche en est abondamment pourvue, et plus tard on pourra avoir un essaim. On choisit un panier neuf si c'est possible, pour que la ruche dure plus longtemps et qu'on n'ait pas de sitôt l'embarras de faire passer les abeilles de la ruche tombant de vétusté dans un nouveau panier, ce qui est une opération assez longue, voir n° 100. On donne la préférence aux abeilles jeunes que l'on reconnaît facilement à leur vigueur, à leur activité; elles sont de couleur brune et ont les ailes entières et non frangées.

71. **Transport des ruches.** — L'époque la plus convenable pour transporter les ruches d'un lieu à un autre, c'est également au printemps, immédiatement avant ou après la coupe ou nettoyage, et le moment le moins favorable est en automne, car alors les ruches sont remplies de provisions ; à la moindre secousse les lourds rayons peuvent se détacher, et il y a pour toute la rude saison désorganisation dans la ruche. Pour le transport divers procédés sont employés. Voici les principaux : si la distance n'est pas grande, on ferme l'entrée de la ruche que l'on enlève ensuite avec son plateau sans rien détacher pour la placer sur une civière. Si le plateau doit rester, on détache la ruche que l'on pose sur un linge usé qui livre passage à l'air ; on ramasse les quatre cornes pour les lier, et on passe au travers un long morceau de bois qui permet le transport à deux sur les épaules. Quelques personnes préfèrent la hotte sur laquelle on pose et on affermit la ruche qui est ensuite liée avec de la ficelle. Quand la distance est considérable, on se sert d'une toile claire ou d'emballage assez grande que l'on étend à terre ; on pose dessus le plateau retourné ; sur ce plateau on dépose la ruche qui repose sur les traverses et reçoit de l'air en suffisance. On prend ensuite les quatre cornes qu'on lie ensemble, comme précédemment, mais de manière que les abeilles ne puissent s'échapper. On suspend les ruches de chaque côté d'un chariot au bas des ridelles ou berceaux. Ce mode d'emballer les ruches est employé

pour les expédier par le chemin de fer. Quelquefois on se contente de remplir de paille les berceaux d'un chariot, d'y placer les ruches avec leurs plateaux dans leur position naturelle, après avoir fermé l'ouverture, et de les maintenir dans cette position en les liant aux berceaux avec des cordages.

NEUVIÈME LEÇON.

VISITE AU RUCHER.

Taille, coupe, nettoyage des ruches. — Colonie excellente. — Ruche légère. — Colonie mourant de faim et de froid. — Ruche orpheline. — Colonie morte de froid. — Ruches à vieux rayons. — Ce qu'on entend dans nos pays par vieilles ruches.

72. **Taille, coupe, nettoyage des ruches.** — Cette leçon est extraite en partie du livre des abeilles de M. l'abbé Boissy.

L'hiver des abeilles est passé, les fleurs apparaissent, la vie revient au rucher. Et pourtant c'est dans le mois de mars que sont portés les coups les plus désastreux aux pauvres abeilles, et ces coups partent de la main inintelligente et avare des coupeurs de ruches; et cela, non dans quelques localités isolées, mais presque partout, du levant au couchant, du midi au nord. Voyez plutôt. — Un des premiers beaux jours du mois de mars arrivé, regardez cet homme affublé de son masque, ganté et armé, le fer d'une main, le feu ou la branche de buis de l'autre, allant de rucher en rucher; il va à une expédition contre les abeilles. Il culbute chaque ruche, il tranche impitoyablement; gâteaux de cire, rayons de miel, tout est enlevé ; à peine a-t-il égard au couvain operculé. Le miel ruisselle de toute part dans la ruche, et grand est le nombre des abeilles, les unes tuées, les autres noyées dans ce gâchis. Heureuse si la reine elle-même n'y trouve pas la mort. Chaque ruche est remise en sa place en ce piteux état, et voilà ce que nos apiculteurs appellent rafraîchir, tailler, couper les ruches.

Ce mode de récolte, nous ne saurions trop le dire, est des plus pernicieux. En effet, si vous enlevez presque tout aux abeilles, cire et miel, les vivres feront défaut s'il survient des mauvais jours; partant, la reine, si féconde à cette époque, manquera d'alvéoles pour déposer ses œufs et la population restera stationnaire. Les laborieuses ouvrières auxquelles on voulait *faire de la place*, comme on dit, et *donner de la besogne*, seront condamnées à une pénible oisiveté, jusqu'à ce que la surabondance des fleurs fournisse assez de miel pour construire de nouveaux rayons, et leur permettre de s'adonner, mais trop tardivement, à l'éducation du couvain. Les essaims ne viendront pas, ou arriveront trop tard, la ruche ne se remplira pas de butin faute de monde pendant la moisson des abeilles. Voilà ce qui se fait au printemps, puis tout se borne là, et, à part la récolte des essaims, on ne s'occupe plus de son rucher pendant le reste de l'année, et on se plaint, après cela, des déceptions que donne la possession d'un rucher!

Vous vous garderez bien d'agir de la sorte, sans doute; mais vous me demandez ce que vous avez à faire en apiculteur intelligent et soucieux de la prospérité de votre abeiller. Vous devez profiter d'un des beaux jours de mars pour faire l'inspection détaillée de chacune de vos colonies, afin de les tenir prêtes pour leurs grands travaux qu'elles vont bientôt commencer.

Vous avez trois manières de faire la revue de vos ruches : 1° regarder, par un beau jour de travail, le mouvement de va-et-vient des abeilles sur la porte de leur ruche; 2° peser la ruche au moins avec la main; 3° la culbuter pour en visiter l'intérieur.

Nous allons donc inspecter cinq ou six ruches, dont l'état correspondra à toutes les différentes positions où peuvent se trouver vos peuplades au sortir de l'hiver. Pour décrire cette inspection, nous nous sommes inspiré de la méthode contenue dans l'excellent ouvrage de M. l'abbé Collin. Cet habile observateur va donc être ici notre guide.

Vous faites choix d'un jour où le ciel est serein, le soleil chaud; vous commencez à dix heures du matin pour finir à deux heures après-midi; plus tard la température devient froide, et les abeilles, surprises et engourdies, périraient sans pouvoir rentrer dans la ruche. Avant l'opération, vous préparez les couteaux faits exprès, au nombre de trois au moins. Le premier D, à lame légèrement recourbée, tranchante des deux côtés, sert à détacher les ruches, à rogner le bout des gâteaux ; le deuxième B à lame recourbée à angle droit coupe les rayons verticalement, et le troisième A à lame également recourbée à angle droit tranche

(*Fig.* 25.)

Les couteaux servant à tailler les ruches.

horizontalement. Pour mettre la cire, vous emportez une corbeille, et pour mettre le miel un chaudron, un seau, un baquet que vous avez soin de couvrir d'un linge aussitôt que vous avez commencé à y mettre des rayons de miel. Pour vous garantir des piqûres, vous mettez des mitaines ou gants épais, un masque ou camail approprié à cet effet; vous vous liez les poignets et le pantalon au bas des jambes afin que les abeilles ne puissent pas pénétrer.

73. **Colonie excellente.** — Nous voici en face de la ruche n° 1. Mettons-nous tout près du panier, en avant, mais un peu de côté, pour ne pas intercepter le passage des abeilles et gêner leur vol. Regardez, quel mouvement d'entrée et de sortie à la porte! quelle activité! que de vie dans cette ruche! Il entre ou sort au moins quinze à vingt-cinq abeilles par minute; les unes entraînent des débris de vieille cire, les autres rentrent chargées de pollen. Maintenant soulevez la ruche. Elle est convenablement lourde. Du reste, les rayons ne sont pas noirs, puisque la ruche n'a que deux ans. C'est bien, vous avez là une bonne vache à lait, comme dit le proverbe. Nous pourrions, à la rigueur, nous dispenser de visiter l'intérieur de la ruche. S'il est quelques parcelles de rayons moisis, quelques restes de vieux pollen gâté, les abeilles sauront bien, puisque la population est forte, vigoureuse, nettoyer et assainir l'intérieur de la cité. Pourtant, puisque la ruche est lourde, je vous recommande de récolter le miel qui encombre le logis et nuit à la multiplication du couvain. Mais prenez bien garde de trop en enlever, et surtout ne touchez pas aux rayons de miel qui avoisinent, gardent et échauffent le couvain dont vous avez dû d'abord bien reconnaître la place dans la ruche.

74. **Ruche légère.** — Nous passons à la ruche n° 2. Nous trouvons les mêmes caractères qu'à la ruche précédente. Bonne population, rayons de deux ou trois ans au plus; mais elle ne pèse presque rien; les provisions de bouche vont manquer. Hâtez-vous de la nourrir, sinon elle périrait de faim. Ne craignez pas, elle vous rendra à gros intérêts ce que vous allez lui prêter. Voir nourriture n° 31.

75. **Colonie mourant de faim et de froid.** — Nous voici arrivés à la ruche n° 3. Silence et solitude à la porte; personne n'entre, personne ne sort; nous soulevons la ruche, il n'y a rien dedans, elle est légère comme une feuille de papier. Décollons-la vite pour visiter l'intérieur. Un monceau d'abeilles mortes encombre le tablier; d'autres mourantes se meuvent à peine entre les rayons vides. Tout est-il perdu? Non, si les abeilles ne sont en cet état que depuis quelques heures, et que le principe vital ne soit pas complétement éteint. Recourez pour les faire revenir à la vie au n° 34.

76. **Ruche orpheline.** — Le panier n° 4 est lourd, et pourtant, chose étonnante, il entre et sort peu d'abeilles; elles paraissent hésitantes et découragées; je soupçonne fort que la reine est morte. Pour nous en assurer, visitons l'intérieur; il n'y a pas de couvain d'ouvrières; la mère est donc bien morte. Voilà une colonie perdue qu'il faut réunir bientôt à une autre colonie bien organisée. Si les rayons ne sont pas vieux, vous attendrez que la saison soit plus

avancée, le mois d'avril si vous voulez, et vous la placerez sous une autre ruche à vieux rayons. Les abeilles de celle-ci descendront et vous aurez une excellente colonie.

77. **Colonie morte de froid.** — Ici n° 5 tout est bien mort, et pourtant la ruche est lourde, il y a du miel. C'est que la reine a péri en automne, et les ouvrières découragées se sont enfuies de la maison; le peu qui est resté a péri de froid. Vous n'avez qu'une chose à faire, enlever les couteaux de miel et ne point laisser de débris devant le rucher crainte de pillage. N'imitez donc pas certains apiculteurs qui, pour ne rien perdre, laissent en avant du rucher des débris de rayons contenant encore du miel. C'est là une mauvaise pratique. Les abeilles s'abattent sur ces débris de rayons avec une sorte d'acharnement. Tout le rucher est comme en révolution. Souvent le pillage s'ensuit; les ruches faibles sont victimes. Il importe de porter à la maison le miel à mesure qu'on l'extrait des ruches.

78. **Ruche à vieux rayons.** — Passons au panier n° 6. Il y a du mouvement à la porte; beaucoup d'abeilles rentrent chargées de pollen; la ruche est assez lourde. Nous visitons l'intérieur avec les précautions d'usage. Les rayons sont noirs, ils ont cinq ou six ans. C'est trop vieux. Les alvéoles chargés de pellicules laissées après l'éclosion des jeunes abeilles sont devenus un berceau trop petit pour la progéniture de la reine. Ces rayons vieillis et noirs

offrent aussi trop de prise à la fausse teigne. Bien ou mal pourvue de miel, la ruche ne prospérera plus dans l'état où elle est. Le proverbe dit : Il n'y a pas de vieilles abeilles, il n'y a que de vieilles ruches.

Vous avez à opter entre trois ou quatre partis différents : 1o ou laisser la ruche telle qu'elle est, en ne retranchant que les rayons moisis, sauf à tout enlever au mois de juillet, miel et cire, et réunir les abeilles à une autre colonie ; 2o ou la laisser telle qu'elle est jusqu'aux beaux jours de grand travail du mois d'avril ou de mai, et alors si elle est lourde et populeuse, la superposer à une ruche vide, no 100. Ce parti, très-bon si la ruche est bien remplie de monde, serait un enfantillage si la ruche était légère de provisions et de population ; 3o si la ruche est faible en monde, un bon parti à prendre, c'est de la réunir à une autre colonie, ou, simplement en défaire les rayons et secouer les abeilles qui, ne trouvant pas leur habitation, seront reçues en suppliantes dans les ruches voisines. Pour faire ces opérations, il faut attendre quelque beau jour du mois d'avril ; 4o un quatrième parti à prendre, c'est de tailler tous les rayons au bas de la ruche, jusqu'à dix ou douze centimètres. Cette opération m'a toujours réussi, mais on comprend qu'on ne peut la pratiquer qu'une fois pour la même colonie. La ruche, ainsi rajeunie en partie, prospérera encore une année ; 5o un dernier parti fort recommandé par un vieil auteur de 1763, c'est de supprimer tous, absolument tous les rayons d'une moitié de la ruche, à partir de la porte, en faisant une ligne droite, et de laisser l'autre moitié intacte. L'année suivante, vous retrancherez cette autre moitié des rayons : de cette manière votre ruche sera entièrement renouvelée en deux ans. J'ai essayé ce procédé qui m'a bien réussi. — Vous voilà donc avec l'embarras du choix.

Il va sans dire que le soir même du jour où les ruches ont été visitées intérieurement et remises en place, il faut les pourgeter, calfeutrer avec soin. — Voir pourget n° 57.

79. **Ce qu'on entend dans nos pays par vieilles ruches.** — Dans bien des pays on croit que les ruches ne sont vieilles qu'au bout de vingt ans, quand le panier tombe de vétusté, et on ne s'occupe guère de l'âge des gâteaux.

Pendant tout ce temps celles qui résistent aux terribles assauts de la coupe prospèrent et amassent un bon butin. Je pense que cela tient à la manière d'opérer la taille, et voici comment. On commence par couper en bas tous les rayons à huit ou dix centimètres; puis on extrait le miel qui tient une bonne place au fond du panier, en ne laissant qu'un rayon pour abriter le couvain. Après l'opération il ne reste que les bouts de gâteaux contenant le couvain situé sur le devant de la ruche dont le vide est fait grandement aux deux tiers. La même opération a lieu chaque année tant que la ruche ne périt pas, et qu'elle peut abriter les abeilles. Les deux tiers des rayons sont donc renouvelés tous les ans; la plus grande partie de la population y est élevée et acquiert les proportions normales comme dans une jeune ruche. Le couvain éclos dans les bouts de rayons très-vieux qui restent chaque année fournit des abeilles petites, mal conformées; mais la quantité en est très-restreinte, et les nombreuses et vigoureuses ouvrières ont bientôt fini de s'en débarrasser. Sur une ruche bien peuplée, bien approvisionnée, située dans un climat riche en fleurs, ce procédé réussit; mais combien nos coupeurs de ruches, en l'appliquant sans discernement et indifféremment à toutes les ruches d'un rucher en ont envoyé *ad patres!*

DIXIÈME LEÇON.

DES ESSAIMS.

Formation des essaims, sortie. — Essaims difficiles à recueillir. — Autre moyen de reconnaître si un essaim est préparé. — Petites ou grandes ruches; poids des essaims. — Excellente ruche qui n'essaime pas; moyen de la faire essaimer. — Reposoirs artificiels des essaims. — Empêcher les essaims de se réunir, les séparer. — Essaims seconds. — Essaims adventices. — Mariage des essaims. — Essaims artificiels.

80. **Formation des essaims, sortie.** — Nous sommes arrivés au mois de mai, le mois par excellence pour les abeilles; le soleil du printemps active la végétation et fait épanouir une multitude de fleurs chargées de ce suc précieux que les abeilles savent si bien recueillir. Les ruches que vous avez taillées avec une grande circonspection ont bien prospéré depuis la visite domiciliaire que vous leur avez faite; elles ont déjà amassé un bon butin, surtout elles regorgent en population. Le matin les vapeurs de la ruche riche et populeuse sont condensées et déposées sous forme de forte rosée sur le tablier, et

les premières butineuses qui sortent courent risque de s'y noyer. La reine a pu à son aise opérer la grande ponte de l'année; dans tous les alvéoles libres elle a déposé ses œufs qui ont donné naissance à des milliers d'ouvrières. Les faux bourdons ont depuis une dizaine de jours fait leur apparition dans la ruche; ils sortent en nombre et avec précipitation pour faire leurs évolutions dans les airs. Les ouvrières sont très-animées; les gardiennes font entendre à l'entrée de l'habitation un bruit aigu de bon augure; le soir, à la rentrée des travaux les abeilles ne peuvent toutes prendre place dans l'intérieur; elles sont forcées de rester dehors, de s'accrocher les unes aux autres après le menton du tablier et d'y former la barbe. Le bourdonnement de la ruche s'élève de plus en plus et s'entend à plusieurs pas. Prenez vos mesures, car d'ici à peu vous aurez un essaim; préparez votre ruche; brossez-la intérieurement si besoin est; frottez-la avec un peu de miel, ou avec des herbes aromatiques dont le goût plaît aux abeilles, comme du thym, des feuilles de panais; mettez en place le plateau qui doit recevoir la nouvelle ruche; apprêtez votre masque, vos gants, un linge pour étendre sur la ruche, de l'eau pour asperger l'essaim lorsqu'il sera dehors.

La journée est chaude; le ciel a l'air d'être un peu à l'orage, de temps en temps un nuage clair, chassé par le vent du sud, passe devant le soleil; il est onze heures, midi, midi et demi, le va-et-vient est extraordinaire dans la ruche; la barbe qui a persisté ce jour-là disparaît subitement; beaucoup d'abeilles qui la formaient se sont donné le mot pour rentrer dans la ruche et se gorger de miel, car elles doivent emporter des vivres pour trois jours; elles ressortent précipitamment et en si grand nombre que l'entrée ne semble pas assez grande; on dirait une débâcle générale. Elles voltigent au-dessus de la ruche et forment une masse si compacte que le soleil en est obscurci. Voici l'essaim, il est sorti; il se balance dans les airs; il cherche un endroit propice pour se reposer. Ne vous troublez pas, ne précipitez rien, ne frappez pas sur les chaudrons, ne jetez pas de cris, si ce n'est pour faire reconnaître que l'essaim est de vous, car autrement votre bruit ne servirait à rien. Prenez une brosse, un balai que vous tremperez dans l'eau, ou mieux une forte seringue pour asperger les abeilles qui, sentant cette pluie, s'amassent en boule au premier objet à leur convenance.

80 *bis*. **Amasser un essaim**. — Pendant que les abeilles se réunissent en grappe autour de la reine, quelques-unes se détachent du groupe pour aller à la recherche d'un logement. Aussi, pour ne pas échapper votre essaim, dès que les abeilles sont ainsi amassées, revêtez votre camail, si vous ne l'avez déjà fait, et prenez votre ruche préparée; d'une main, tenez-en l'ouverture sous l'essaim suspendu, de l'autre secouez vivement la branche; vous faites tomber les abeilles dans votre panier que vous dépo-

sez ou sur son tablier, ou sur un van, ou par terre, en plaçant, dans l'un comme dans l'autre cas, deux ou trois petites cales pour que les abeilles puissent entrer plus facilement. Si la ruche est en place, on la

(*Fig.* 26.) La prise d'un essaim.

couvre d'un surtout lorsque le rucher est disséminé; si elle n'y est pas, on étend un linge supporté au-dessus pour que l'ombrage apaise les abeilles et les fasse fixer dans la ruche que l'on porte le soir au lieu qui lui est destiné, en ayant soin de ne pas l'ébranler, car les abeilles accrochées dans le haut tomberaient ainsi que les bouts de rayons déjà commencés.

81. **Essaims difficiles à recueillir.** — Lorsqu'un essaim s'est amassé à terre ou après un brin flexible dont le bout supportant l'essaim revient à terre, on pose simplement la ruche dessus; les abeilles s'introduisent d'elles-mêmes dans leur nouvelle demeure. Lorsqu'il est établi après un tronc d'arbre, attaché à une grosse branche, au palis d'une clôture, on fait tomber doucement toutes les abeilles dans le panier, en s'aidant d'une brosse douce, d'un plumeau, d'une poignée d'herbe, d'une branche de buis. L'essentiel est de faire tomber la reine dans la ruche; les autres abeilles, attirées par l'odeur qui s'échappe constamment de son corps, sont bientôt réunies à elle. Si l'essaim est logé dans le creux d'un arbre, d'un mur, on tâche de bien préciser l'endroit où il se trouve; on pratique ensuite un peu plus bas un trou dans lequel on projette force fumée, tandis qu'on tient la ruche sur l'ouverture par où les abeilles se sont introduites; elles ne tardent pas à déguerpir et à se fixer dans la demeure qu'on leur présente. Dans ce cas deux personnes sont nécessaires pour agir plus facilement et avec plus de succès. Parfois un essaim est si mal placé qu'il est impossible de le recueillir; en projetant de la fumée, il faut le remettre en mouvement pour qu'il s'attache à un objet après lequel on puisse l'amasser. Mais plus on le tourmente, plus il diminue en monde, car les abeilles quittent peu à peu l'essaim pour retourner à la mère-ruche. Si un essaim faisait mine de vouloir

rentrer, on pourrait s'y opposer en ôtant immédiatement la ruche-mère où il veut revenir pour remettre en place une ruche vide dans laquelle les abeilles se précipitent en masse. Quelquefois si l'essaim rencontre dans le rucher un panier inhabité à sa convenance, il en prend possession et s'y établit. Il peut se rencontrer d'autres circonstances qui rendent un essaim difficile à recueillir, mais avec du tact, de l'idée, vous finirez par venir à bout de vos intentions.

82. **Autre moyen de reconnaître si un essaim est préparé**. — Votre ruche marchait bien; vous voyiez avec plaisir les ouvrières diligentes courir aux champs; les faux bourdons commençaient à profiter de la chaleur du milieu du jour pour prendre leurs ébats dans les airs. Mais le temps est devenu froid, pluvieux pendant une huitaine de jours; au dehors vous ne voyez plus aucun signe d'un prochain essaimage. Cependant les jeunes abeilles éclosent toujours à la faveur de la chaleur qui règne dans l'intérieur; elles emplissent la ruche sans que cela paraisse; on aperçoit seulement une boule d'abeilles qui obstrue l'ouverture, et on dit alors que la ruche bouchonne. Dans ce cas encore l'essaim est préparé, et il faut vous méfier du premier coup de soleil propice qui pourrait bien le faire sortir.

83. **Petites ou grandes ruches à employer; poids des essaims**. — Si un essaim sort dans les derniers de mai ou les premiers de juin,

on prend une ruche assez grande, ainsi que pour les essaims très-gros qui arrivent avant le vingt juin; passé ce moment les ruches doivent être plus petites, parce que les abeilles ne pourraient pas remplir de rayons leur demeure, et qu'elles seraient en hiver facilement prises par le froid.

Un bon essaim doit peser près de deux kilogrammes et contenir de dix-huit à vingt mille abeilles. A ce moment, comme leur estomac est bien pourvu de miel, il ne faut que neuf mille abeilles pour faire un kilogramme, tandis qu'en temps ordinaire, il en faut onze mille. Un essaim faible ne pèse guère que huit cents grammes.

84. **Excellente ruche qui n'essaime pas; la faire essaimer.** — Voici le cas: vous avez une ruche très-forte; chaque jour vous attendez qu'elle essaime, mais c'est en vain. La barbe est si grosse, persiste si longtemps que les abeilles construisent et emplissent des rayons de miel sous le tablier. Cependant le temps des essaims se passe, et votre ruche ne vous donne rien. Voici ce qui a dû arriver: l'essaim était préparé, mais le jour où il devait sortir, il est survenu un contre-temps, une pluie, du froid. La vieille reine qui devait conduire la colonie tue la jeune reine qui sort de son berceau et qui devait la remplacer; la sortie de l'essaim est ainsi retardée. Au bout de quelques jours une deuxième reine arrive à l'état d'insecte parfait; mais à ce moment il survient encore du mauvais temps,

et cette jeune reine éprouve le même sort que la première. C'est ainsi que la saison se passe sans que l'essaim préparé puisse sortir. Il peut se faire aussi qu'une reine, jalouse de sa royauté, s'obstine à ne pas déposer d'œufs dans les cellules royales.

Vous pourriez faire sortir l'essaim quand même. Choisissez un jour où le soleil soit ardent; entre dix et onze heures, prenez un verre de miel, versez-le par l'ouverture du haut de la ruche; à midi l'essaim sera dehors. Vous n'aurez qu'à le faire fixer et à le recueillir. Vous avez encore le choix, ou de faire un essaim artificiel n° 90, ou de poser sur votre ruche un cabotin très-grand. Les abeilles de la barbe rentreront aussitôt, s'empareront du nouveau compartiment que l'on vient de leur offrir, et auront bientôt fini de l'emplir d'un miel exquis.

85. **Reposoirs artificiels des essaims.** — Vous voulez établir votre rucher dans un lieu très-propice; mais autour de vos ruches, il n'y aura d'abord pas d'arbre, et rien qui puisse servir de reposoir à vos essaims. Vous remédiez à cet inconvénient en plaçant devant votre rucher des reposoirs artificiels décrits par M. Hamet dans son cours pratique d'apiculture. « On plante en terre, dit-il, quelques piquets longs de trois à quatre mètres, auxquels on append une poignée de branchages feuillus ou de bruyère, une sorte de balai, que l'on attache à une ficelle passée dans un anneau et que l'on fait fonctionner à l'instar des anciens réverbères; on les

descend et on les remonte à volonté. On peut introduire dans cette sorte de balai un vieux rayon de cire dont l'odeur attire les abeilles ou du moins quelques rodeuses qui attirent elles-mêmes les abeilles des essaims. »

86. **Empêcher les essaims de se réunir; les séparer.** — Aussitôt qu'un essaim dehors s'amasse en grappe, on se hâte de le placer dans une ruche, afin que si un deuxième essaim venait à sortir, quand le rucher est nombreux, il ne pût se mêler au premier, car autrement il n'est guère facile d'empêcher la réunion. Si deux essaims, sortis en même temps, ou à des moments différents, se réunissent au même reposoir, on recueille l'énorme grappe dans une ruche; on pose par terre, l'une près de l'autre, deux ruches vides, et on verse l'essaim entre les deux. Les abeilles entrent, les unes à droite, les autres à gauche, sous les ruches; pendant ce temps on cherche une des reines que l'on retient prisonnière en posant un verre dessus. Lorsque les abeilles sont entrées dans chaque ruche, on examine laquelle des deux n'a point de reine. La colonie qui possède sa reine est plus tranquille; les abeilles se groupent dans le haut du panier et s'occupent de commencer leurs travaux. Celle à laquelle la reine manque est en mouvement; les abeilles entrent, sortent, font du bruit, et voltigent tout autour de la ruche; si on leur délivre la reine retenue sous le verre, elles sont bientôt apaisées et tranquilles. Le soir, si les popula-

tions sont très-inégales, on les égalise en prenant, à l'aide d'une grande cuillère, des abeilles dans la ruche trop pleine pour les remettre dans la plus faible. Si un essaim avait une autre mère que la sienne, les abeilles pourraient bien la détruire, ce qui ne les empêcherait pas, avant la perte de la peuplade, d'amasser du miel dans la ruche. Celui qui préfère le miel à l'augmentation de ses ruches laisse les deux essaims ensemble, et leur donne pour logement un très-grand panier. Cette méthode est généralement adoptée par les apiculteurs.

87. **Essaims seconds**. — Huit ou dix jours après qu'une ruche a essaimé, elle peut, si elle est encore forte, donner un deuxième essaim qu'on appelle essaim secondaire. C'est une jeune mère sortant de sa cellule qui partira avec sa colonie. La veille du jour fixé pour le départ, en prêtant l'oreille contre la ruche on entend cette reine qui cherche à sortir de sa prison, qui bat des ailes et produit un son aigu que l'on distingue très-bien au-dessus de tout autre bourdonnement : c'est ce qu'on appelle le chant de la reine. L'essaim second en sortant s'arrête plus difficilement près du rucher que les essaims premiers, et il faut de la surveillance pour ne pas le laisser échapper. Parfois il contient plusieurs reines nées en même temps ; alors au lieu d'être amassé en une seule grappe, il se trouve en autant de boules qu'il y a de mères. On réunit toutes ces boules en les secouant dans la ruche ; on peut prendre les reines pour s'en

servir au besoin, nº 104, et n'en laisser qu'une à l'essaim; mais ordinairement on les laisse se détruire. Quelquefois, dans la lutte, l'essaim quitte le local le lendemain pour aller émigrer au loin, ou bien, d'autres fois, mais plus rarement, la reine victorieuse, blessée elle-même, périt quelques jours après le combat. Alors il convient de réunir l'essaim orphelin à une autre colonie ou de le rendre à sa mère. Il peut se faire aussi que toutes les reines, jeunes et vieilles, partent avec l'essaim, alors la ruche privée de mère périt dans l'année, si les abeilles ne peuvent en élever une nouvelle, et si l'on n'y porte remède.

Dans les années bien favorables à l'essaimage, il est possible qu'un troisième essaim sorte d'une ruche, quatre ou cinq jours après le départ du second; mais il doit être réintégré dans la ruche qui l'a produit, sans quoi pour l'hiver on perdra, et la mère épuisée, et l'essaim faible et pauvre.

88. **Essaims adventices.** — Un essaim très-gros, arrivé sur la fin de mai, se met de suite à la besogne; si l'année est favorable, il amasse de copieuses provisions, et sur la fin de la saison de l'essaimage il peut quelquefois donner naissance à une nouvelle colonie. Cet essaim, l'enfant de l'enfant, prend le nom d'essaim adventice. Mais un apiculteur, qui calcule son affaire, empêche, par la pose du cabotin nº 92, les essaims seconds et les essaims adventices de sortir, car ils sont plus souvent à charge qu'à profit. Cependant, dans certaines années, la chaleur, les

fleurs, la fécondité des mères, l'ardeur des ouvrières, tout cela se mettant de la partie, il est réellement impossible d'empêcher l'arrivée de ces essaims. Posez des cabotins, superposez même des ruches vides, employez tels moyens que vous voudrez, vous ne pourrez arrêter la reproduction. Ce qu'il y a à faire alors, c'est de réunir deux à deux les essaims pour avoir des ruches fortes, bien peuplées, qui puissent amasser du butin et passer l'hiver, ou de les rendre aux ruches qui les ont produits.

89. **Mariage des essaims ; s'emparer d'une reine.** — Quand les essaims sont petits, tardifs, que le nombre des ruches le permet, on les réunit plusieurs ensemble. Si deux essaims à réunir sont de jours différents, on met les abeilles déjà logées à l'état de bruissement, par le moyen de la fumée ou du tapotement ; ensuite on retourne la ruche et on appporte dessus celle qui contient l'essaim que l'on vient de recueillir ; on secoue par des coups secs cette ruche ; toutes les abeilles tombent dans celle du dessous que l'on replace posément sur son tablier pour écraser le moins d'abeilles possible. Si les essaims sont du même jour, on n'a qu'à les secouer de la branche l'un après l'autre dans le même panier. Les deux reines se livrent le combat ; la plus faible est sacrifiée et la plus forte règne en victorieuse sur les deux colonies. On pourrait rechercher une des reines, s'en emparer, la mettre dans un étui exprès fait de toile métallique dans lequel on a introduit, avec

la reine, un petit rayon de miel, nourrir ainsi cette reine pour la donner à une ruche qui a perdu la sienne; ce que l'on fait en suspendant dans la ruche orpheline l'étui qui renferme la reine. Ainsi apprivoisée avec les abeilles, cette reine est mise en liberté au bout d'une douzaine de jours; mais l'opération est bien délicate et on ne réussit pas toujours.

90. **Essaims artificiels**. — L'essaim qui embarrasse la ruche, qui sort à son heure est mieux constitué, plus sûr de réussir que celui qu'on sépare de sa mère par la force. Cependant, on peut, dans certaines limites, aider à la nature, et il est des cas où l'on est obligé de recourir à l'essaimage artificiel, par exemple pour la ruche très-forte qui ne donne pas d'essaim, n° 84. Il en est de même pour cet apiculteur qui possède plusieurs ruchers en des contrées différentes. Au moment de l'essaimage il ne peut être à la fois partout pour surveiller et recueillir ses essaims, et il peut en perdre en laissant ses ruches essaimer naturellement. Il prévient ce désagrément en faisant des essaims artificiels. Je dirai d'avance que l'on n'obtient un plein succès que quand la ruche très-forte est sur le point d'essaimer, et qu'il serait ridicule, inutile, désavantageux même de vouloir faire un essaim artificiel avec une ruche qui ne serait pas dans de bonnes conditions pour un essaimage naturel.

On opère par une belle journée, de dix heures à trois heures. On commence par faire rentrer, à l'aide de la fumée, les abeilles qui forment la barbe ; puis on soulève, on retourne la ruche, et on la place sur un tabouret dépaillé ou dans un trou en terre afin qu'elle ne puisse vaciller. On la recouvre d'une ruche vide; on lie au milieu les deux ruches ensemble avec un linge, un essuie-mains long et peu large pour que les abeilles ne puissent s'échapper par les fissures. Alors

(*Fig.* 27.) Essaimage artificiel.

on tapote avec les mains, ou avec de petites baguettes de chaque côté de la ruche pleine, en commençant par le bas et en montant graduellement. Au bout de cinq à six minutes, on entend un bourdonnement assez fort : ce sont les abeilles qui quittent le logement et qui se mettent en marche pour occuper la ruche vide du haut. Après dix minutes de tapotements, le bourdonnement se fait entendre dans la ruche superposée; les deux tiers, les trois quarts des abeilles y sont montées. Si la mère a quitté sa demeure pour aller avec ses abeilles habiter la nouvelle ruche, et assez souvent il en est ainsi, l'essaim est fait. Au bout de douze ou quinze minutes on délie les ruches; on remet la ruche-mère à sa place; les abeilles qui étaient aux champs se hâtent d'y entrer et rendront, avec le couvain qui éclot tous les jours, la colonie toujours assez forte. Pour savoir si la reine est avec l'essaim, on étend par terre un morceau d'étoffe noire sur lequel on pose le panier pendant deux ou trois minutes. La reine qui ne peut retenir ses œufs en laissera tomber sur l'étoffe; si l'on en trouve, on met la ruche sur son tablier et tout se passe comme pour un essaim recueilli à la branche. Si l'on n'aperçoit rien, c'est que la reine est absente, et on ne tarde pas du reste à en avoir la certitude; car les abeilles inquiètes sortent peu à peu du panier, et finalement l'abandonnent pour retourner à leur ancienne demeure. En cas de non réussite, on recommence l'opération les jours suivants jusqu'à ce qu'on obtienne un plein succès. Si l'essaim, quoique bien réussi, était faible en monde, on déplacerait la ruche-mère, dans la soirée d'un beau jour, pour remettre son essaim sur le même plateau; toutes les butineuses alors au pâturage entreraient sans méfiance dans la jeune ruche. Les populations ainsi égalisées, on remettrait, la nuit venue, chaque ruche à sa place.

L'essaimage artificiel des ruches à hausses peut se

faire de la même manière, seulement il y a à éviter le dérangement des hausses superposées. Il a lieu aussi par d'autres procédés que nous ne décrirons pas ici : cela nous mènerait au delà de notre but.

L'essaimage artificiel de la ruche à deux divisions verticales se fait en séparant les compartiments, et en plaçant à côté de chacun une division vide, comme nous l'avons dit no 61.

ONZIÈME LEÇON.

DU MIEL ET DE LA CIRE.

Pose du cabotin. — Cabotin plein, l'enlever. — Récolte et manipulation du miel; hydromel; usages du miel. — Fonte et usages de la cire.

91. **Pose du cabotin.** — Si vous ne tenez pas à augmenter beaucoup le nombre de vos ruches, vous en laissez essaimer quelques-unes seulement, pour remplacer celles qui sont susceptibles de périr dans l'année ou d'être réunies à d'autres colonies, et, dans les premiers jours du mois de mai, sur toutes les autres qui sont vigoureuses, vous posez le cabotin, en ôtant préalablement la bonde du dessus du panier, et vous bouchez les fentes entre le cabotin et la ruche avec du mortier ou de l'onguent de saint Fiacre. Vous faites de même sur toutes les ruches aussitôt qu'elles ont donné leur premier essaim, ainsi que sur les essaims précoces de l'année qui prennent de la force, afin d'empêcher, autant que possible, les essaims seconds et les essaims adventices de se produire. Les abeilles nombreuses à ce moment s'empressent de

monter dans le compartiment qu'on vient de leur offrir, se mettent à le nettoyer, à l'enduire de propolis, à le coller, enfin à le remplir de rayons de miel. On a remarqué que les cabotins faits de paille et cousus avec des brins de coudrier sont les plus avantageux, et que les ouvrières travaillent moins volontiers dans ceux de paille cousus avec des brins d'osier ou de fil de fer. Cependant, quand les ruches sont très-fortes, les abeilles amassent du miel dans tous les objets de capacité qu'on leur présente. Elles s'emparent même parfois d'un cabotin avec une si grande célérité qu'il est inutile de l'enduire, tant les fissures entre le cabotin et la ruche sont vite remplies de propolis.

92. **Cabotin plein; l'enlever.** — Lorsque les temps sont favorables, c'est-à-dire lorsque les pluies sont de courte durée, mais assez fréquentes et entremêlées de journées chaudes, que les fleurs épanouissent à plaisir, soyez certain que vos abeilles font de bonnes moissons. Aussi au bout de quinze jours, trois semaines, le cabotin est plein; ce que l'on reconnaît lorsqu'en frappant dessus il ne résonne plus, qu'il est dur au toucher; lorsqu'en appliquant l'oreille on n'entend plus le travail ou picotement des ouvrières; enfin lorsque les abeilles se sont retirées et forment le bouchon, la barbe devant l'ouverture de la ruche. C'est alors que, revêtu du camail si vous craignez vos abeilles, vous pouvez faire la levée du cabotin. Vous le portez à cinq ou six pas de la ruche,

et, avec de la fumée ou une branche de buis, vous chassez les abeilles qui s'y trouvent; si elles persistent à rester, c'est que la reine est au milieu des rayons. Vous rapportez alors votre cabotin sur la ruche; vous frappez à petits coups pour faire descendre la mère; ensuite, après avoir mis la bonde sur la ruche, vous emportez votre récolte dans votre local; vous ouvrez une croisée, et s'il reste quelques abeilles, elles déguerpissent sans plus tarder. Vous pouvez aussi, pour faire quitter les abeilles, mettre votre cabotin plein sur son fond par terre, en placer un vide dessus et tapoter en bas; les abeilles monteront dans celui du haut que vous déposerez devant la ruche; là vos ouvrières sauront bien ce qu'elles ont à faire. Chaque apiculteur a son procédé favori; tous sont bons, et là n'est pas le difficile du métier; aussi je ne m'y arrête pas plus longtemps.

Passé le premier août, dans notre région, il est prudent de ne plus enlever le cabotin plein d'une ruche, à moins qu'elle ne soit elle-même bien remplie de miel. On laisse cette réserve aux abeilles pour passer l'hiver; si elles en ont besoin elles en usent à leur volonté, mais très-souvent le cabotin reste intact jusqu'au moment de la coupe ou nettoyage, alors on l'enlève sans préjudice aucun pour la ruche.

93. **Récolte et manipulation du miel.** — Nous avons vu qu'au printemps, dans les ruches très-lourdes, appelées ruches grasses, on fait une récolte de miel; qu'en été on s'en procure par le moyen des

cabotins, par l'enlèvement d'une hausse ou d'une division verticale, et qu'en automne on s'empare des provisions d'une ruche à vieux rayons, ou d'une ruche d'un grand poids par la chasse des abeilles. Aussitôt le miel récolté, on s'occupe de le manipuler, car si l'on attendait trop longtemps, il se granulerait dans les cellules et l'extraction ne pourrait plus avoir lieu qu'à une forte chaleur. On choisit les plus beaux rayons, ceux qui sont d'un jaune blanc, bien unis, sans alvéoles vides et qui ne contiennent ni pollen ni abeilles mortes; on les détourne pour l'usage de la table, car le miel est un mets aussi profitable au corps qu'agréable au goût. Les autres rayons d'un moins bel aspect, mais exempts aussi de pollen et d'abeilles, sont pétris dans un vase d'une contenance suffisante. Puis cette espèce de bouillie est mise dans un linge que l'on tord à deux fortement, ou que l'on suspend au plancher à l'aide d'une corde. On lie deux bâtons ensemble entre lesquels est passé le linge au-dessus du sachet; on pèse de chaque côté à la fois sur les bâtons qui glissent et pressent en descendant. Le miel s'écoule dans un baquet propre où on le laisse s'écumer pendant deux ou trois jours. Les parcelles de cire qui ont passé avec le miel à travers le linge remontent au-dessus et on les enlève pour les mêler avec la cire tordue. Ce miel, à peu près pur de toute matière étrangère, est versé dans des pots de grès autant que possible. Il est bon de mettre sur le miel une feuille de papier blanc, découpée de la grandeur du pot et trempée dans de l'eau-de-vie. Le vase, rempli à deux centimètres du bord, est couvert d'une feuille de papier quelconque pliée en deux ou en quatre et serrée autour du pot avec de la ficelle. Ce miel est de première qualité.

Revenons au résidu qui vient d'être tordu, pressé ; il contient encore du miel. On le met, avec les bouts de rayons contenant du pollen, sur un linge dans une corbeille placée elle-même sur un vase de même surface. On porte le tout ainsi superposé dans un endroit très-chaud, dans le four, par exemple, trois heures après que le pain est retiré. La chaleur fait fondre miel et cire qui passent à travers le linge; mais la cire plus légère que le miel reste à la surface ; elle se durcit en refroidissant et se sépare, s'enlève avec toute facilité. Le miel ainsi obtenu est de seconde qualité. — J'ai tenu à reproduire ce procédé, quoique déjà vieux, parce qu'il est simple, pratique, peu dispendieux et à la portée de tout le monde.

Lorsque la quantité de miel à séparer de la cire est très-petite, on peut se servir de la méthode suivante. On prend les rayons ne contenant que du miel pour ouvrir, avec un couteau, toutes les cellules; on les pose sur une claie fine, ou sur un tamis soit de crin, soit d'étoffe très-claire, au-dessous duquel se trouve un vase large et propre; on retourne les rayons de temps à autre; le miel découle de lui-même. Obtenu de cette manière, le miel est d'une pureté sans égale; on le met alors dans des pots, ou on l'entonne dans des bouteille de verre blanc qui fait ressortir sa belle couleur, où il granule vite et se conserve très-bien. Pour l'extraire il suffit de placer les bouteilles dans un lieu chaud qui rend bientôt le miel liquide. Les bouteilles et les pots sont mis sur des rayons dans un lieu sec, aéré, à l'abri des odeurs fortes.

On vend un instrument en fer-blanc, appelé mellificateur, qui comprend deux vases superposés, et qui a assez la forme d'un grand filtre à café. Dans la partie du haut, on met les couteaux de miel broyés, pétris; à la faveur de la chaleur du soleil ou du feu, le miel descend dans la partie inférieure en passant à travers un fond percé d'une infinité de trous très-fins.

Dans les départements du Loiret, de Seine-et-Oise, du Calvados, de l'Aude, etc., où la culture des abeilles forme une des branches importantes de l'agriculture, les grands apiculteurs possèdent des machines, des mellificateurs aux larges proportions pour extraire le miel, et se servent de barils, de fûts pour l'entonner, le conserver et l'expédier au loin.

Le bon miel est celui qui prend de la consistance et se fige en grains aussitôt que la température baisse un peu. Celui qui reste toujours liquide court risque de tourner à l'aigre et de perdre ainsi toute qualité. On surveille les bouteilles, les pots pour s'assurer si le miel granule bien; ceux dont le miel reste liquide sont versés dans une bouillotte ou une bassine que l'on met dans une grande chaudière; on fait bouillir au bain-marie modérément pendant quelque temps.

La partie aqueuse s'évapore, le miel s'épaissit; on le reverse dans les pots bien lavés, bien secs, et au bout de quelques jours, il doit granuler et se conserver, ainsi que le meilleur miel, pendant plusieurs années.

Par le mélange du miel avec de l'eau on compose une boisson qui, par la fermentation, devient légèrement acide tout en restant sucrée. Si on laisse vieillir en bouteille, on obtient une liqueur capable de rivaliser avec les meilleurs vins d'Espagne. Les vases, les linges, les instruments, le matériel enfin qui a servi à la fabrication du miel en est tout imprégné, enduit; on lave l'outillage, ainsi que la cire pressurée, avec de l'eau pure. On obtient un hydromel de qualité bien inférieure; mais c'est une boisson rafraîchissante, cordiale, avec laquelle on peut faire bien des petits amis. En faisant bouillir cette eau pendant un certain temps, il ne reste plus qu'une espèce de sirop qui est du miel de dernière qualité.

On fabrique un vinaigre blanc de bonne qualité, préférable à celui du commerce, en faisant séjourner une mère de vinaigre avec quelques copeaux de hêtre dans de l'eau miellée qui a fermenté.

Non-seulement le miel est pour nous un aliment sain et agréable; mais il sert à une infinité d'usages qu'il serait trop long d'énumérer. Nous nous contenterons de dire qu'il remplace le sucre dans les tisanes pour un grand nombre de maladies; que dans les maux de gorge en particulier il procure un grand soulagement et souvent la guérison; que les pharmaciens l'emploient dans la préparation de plusieurs remèdes; que les vétérinaires en composent beaucoup de drogues pour les animaux; enfin que les confiseurs l'introduisent dans une foule de petites pâtisseries toutes bien appétissantes.

94. **Fonte et usages de la cire.** — Le miel étant à peu près exprimé, on s'occupe de fondre la cire qui le contenait, à laquelle on ajoute, après les avoir lavés, les gâteaux vides que l'on ne doit guère conserver en cet état, car la fausse teigne, comme nous l'avons dit no 51, a bientôt fait de s'y établir et de tout perdre. Si l'on a très-peu de cire, on met les gâteaux broyés dans une pièce de toile que l'on ferme avec une ficelle. On lie après le sachet une pierre ou un morceau de fer non rouillé; on met le tout dans un pot à moitié plein d'eau. Le sachet, retenu par le poids attaché, nage entre deux eaux; on fait bouillir modérément; la cire fond, s'échappe à travers la toile et monte à la surface avec un peu d'écume que l'on ôte au fur et à mesure qu'elle se présente. Si l'eau bouillait à grands flots, non-seulement la cire perdrait de sa qualité, mais elle monterait graduellement comme du lait, s'échapperait du pot, tomberait dans le feu et donnerait un jet de flamme capable de causer de graves accidents. Après une demi-heure, on descend le pot; avec un pilon, on pèse sur le sachet, on le triture pour faire sortir le reste de la cire, puis on le laisse refroidir. La cire se fige à la surface; on l'en-

lève et on la fait refondre dans une terrine, un chaudron légèrement évasé contenant un peu d'eau; on laisse de nouveau refroidir. C'est alors que l'on retire un joli pain de cire sous lequel se trouve une couche crasseuse de pollen que l'on enlève avec un couteau en raclant jusqu'à la cire, plus jaune et plus compacte.

Lorsque la quantité de cire à fondre est assez considérable, on met les gâteaux divisés dans un grand pot ou dans une grande chaudière avec de l'eau en suffisance; on fait bouillir pendant une demi-heure environ, puis sur un baquet on met un linge sur lequel on verse le tout; ensuite on prend les extrémités du linge et l'on tord à deux de toutes ses forces. L'eau, la cire tombent dans le baquet, tandis que toutes les matières étrangères, comme abeilles mortes, couvain, enveloppes soyeuses des larves, pollen restent dans le linge, et forment ce qu'on appelle le marc. On laisse figer la cire pour la refondre et la traiter comme il est dit plus haut. Les marcs contiennent encore un peu de cire; on les fait bouillir de nouveau et on recommence à tordre, après quoi il reste peu de chose de bon. Mais ce procédé est assez pénible et a le désavantage de brûler souvent les mains des opérateurs; aussi mieux vaudrait mettre les marcs dans un petit pressoir qui se trouve dans bien des ménages et dont on se sert pour la fabrication de certains fromages, du cassis, des gelées. Seulement il faut se dépêcher de pressurer, car les marcs refroidis ne laisseraient plus couler la cire et il faudrait les chauffer de nouveau.

On reconnaît que la cire est bonne, pure, c'est-à-dire sans mélange de suif ni ingrédients quelconques, lorsqu'elle a une odeur agréable, le goût fade, la cassure nette, et lorsque le refroidissement a produit dans le pain une gerçure profonde.

La cire sert principalement aux pharmaciens pour la préparation des emplâtres, aux peintres pour les encaustiques, aux menuisiers et aux ébénistes pour cirer les parquets, les meubles; elle est employée surtout à la confection des cierges et des bougies.

DOUZIÈME LEÇON.

SOINS GÉNÉRAUX.

Soins à donner aux ruches pendant chaque mois de l'année. — Loi sur les abeilles. — Liste des fleurs mellifères. — Outillage, matériel de l'apiculteur.

95. **Janvier.** — Pour la culture des abeilles, la besogne à faire est indiquée dans ce travail; mais pour agir plus sûrement, il faut bien préciser les moments où chaque ouvrage doit être exécuté. C'est ce que nous allons indiquer succinctement dans le cours de cette leçon.

L'hiver est une saison de repos pour les abeilles comme pour l'apiculteur, et le mois de janvier en particulier est un temps où vous avez peu à vous occuper de vos ruches. Veillez à ce que les souris, les rats, les mulots, les piverts ne percent les paniers pour s'emparer soit du miel, soit des abeilles ou même du logement. Après une neige abondante, débarrassez le devant du tablier et l'entrée par où l'air nécessaire aux abeilles se renouvelle, pour éviter qu'elles ne soient étouffées et pour empêcher l'humidité de pénétrer dans la ruche, ce qui causerait la moisissure des gâteaux et peut-être la dyssenterie aux abeilles. Procédez sans bruit, les abeilles n'aiment pas à être bouleversées, et, en général, ne visitez l'intérieur que rarement et par nécessité.

96. **Février**. — Aussitôt que les gros froids sont passés, que le soleil commence à faire sentir ses rayons bienfaisants, on enlève la porte qui retenait les abeilles prisonnières; dans leur sortie, elles rejettent leurs déjections longtemps contenues; elles entraînent hors de l'habitation les débris qui encombrent le tablier, puis elles s'organisent pour les travaux qui vont bientôt commencer. On s'occupe de leur construire un rucher couvert si cela est nécessaire, et d'y transporter ensuite les ruches en évitant de tourmenter les abeilles. On plante devant le rucher des arbustes, des arbres à demi-tige pour servir de reposoirs aux essaims et d'ombrage aux ruches. On fabrique des tabliers pour remplacer à la coupe ceux qui seront trouvés défectueux. Quelques apiculteurs les percent au milieu d'un trou bouché en temps ordinaire avec une bonde que l'on ôte pour donner de l'air aux abeilles lorsque les grandes chaleurs de l'été les forcent à cesser leurs travaux, à sortir de la ruche et à s'amasser sous le paillasson. On retire quelquefois aussi cette bonde pour la remettre aussitôt, car les

fissures et le vide laissés au-dessus sont des lieux où se retire la fausse teigne que les abeilles ne peuvent ou n'osent aller déloger. D'autres praticiens, pour établir le courant d'air bien utile dans les grandes chaleurs, posent en été sur les ruches ou sur les cabotins des bondes percées de trous que les abeilles bouchent, il est vrai, à la longue, avec de la propolis, mais que l'on ouvre de temps à autre à l'aide d'un fil de fer. Par ces petits moyens, les abeilles ne restent jamais oisives et augmentent davantage leurs provisions.

97. **Mars.** — Les premiers jours du mois de mars arrivés, vous examinez, par un beau temps et plusieurs jours de suite, la marche de vos ruches. Vous devez juger par là de la force, de l'état intérieur de chacune, et le moment de la visite domiciliaire étant arrivé, les indices que vous avez remarqués ont dû vous révéler le degré de bonté de chaque panier; aucun ne doit vous causer de surprise.

Nous sommes dans la seconde quinzaine de mars ; il est temps de couper, de tailler les ruches, voir nº 72. Dans cette importante opération raisonnez votre affaire ; n'enlevez du miel que dans les ruches excellentes qui manqueraient de place pour établir le couvain de la grande ponte prochaine; coupez le bas moisi des gâteaux; retranchez les parties où s'est établie la fausse teigne; enlevez très-peu de cire quand il y a peu de miel dans la ruche; ayez présents à l'esprit les mauvais jours qui, en avril, viennent très-souvent pour les abeilles, et laissez intactes ces petites avances qui ne seront pas perdues pour vous, puisque la colonie, par la force qu'elle acquerra, pourra vous donner un essaim et peut-être un cabotin. Notez les ruches où les abeilles n'ont plus rien à manger, pour leur donner la nourriture, n° 31. Remarquez aussi celles dans lesquelles les gâteaux sont vieux, noirs, pour changer les abeilles de domicile dans le courant du mois de mai par la superposition, n° 100. Emportez miel et cire au fur et à mesure de l'extraction pour éviter le pillage ; raclez et balayez de votre mieux les tabliers ; frottez-les si vous voulez avec des feuilles de thym, de panais. Profitez du moment où vous avez la ruche entre les mains pour faire, si besoin est, à la porte ou ailleurs une petite réparation qui ne demande pas beaucoup de temps. Enfin le soir, quand les ruches sont bien remises en place, bouchez sans plus tarder les fentes entre les ruches et leurs tabliers avec le pourget n° 57, et couvrez-les du surtout si cela est nécessaire.

98. **Avril.** — Nous voici en avril, les jours grandissent, la chaleur augmente d'intensité; les primevères épanouissent et sont visitées par nos ouvrières. Inspectez votre rucher et voyez si la famine ne désole pas quelques populations : venez à leur secours comme nous l'avons dit n° 31 et suivants. Si vous n'avez pas de miel, que vous ne puissiez vous en procurer, ce qui arrive quelquefois quand l'année précédente a été défavorable pour les abeilles, composez

préalablement un sirop dont le sucre est la base avec du vin doux réduit par l'ébullition, ou avec des fruits cuits, confits ; tenez-le en réserve pour vous en servir à l'occasion ; ou bien encore si vous manquez de ce sirop, achetez du sirop de glucose qui se vend dans le commerce à prix peu élevé, et mélangez-le avec du sucre ou du miel. Donnez de ces sirops par le haut ; en même temps posez sous la ruche une assiette dans laquelle vous aurez mis de la farine de blé, d'orge, d'avoine, de maïs, n'importe, mélangée avec un peu de sel de cuisine. Les abeilles se nourrissent de tout ce que vous leur offrez, peuvent continuer d'élever le couvain et sont ainsi mises à l'abri de la famine, de la dyssentrie et de la loque.

99. **Mai**. — Au mois d'avril succède enfin le joli mois de mai. Il n'y a plus guère à craindre pour les abeilles, quoique dans l'année néfaste de 1873, où des jours de pluie et de froid se sont succédé jusqu'au vingt mai avec une désespérante continuité, beaucoup de ruches, très-fortes en population et abondamment pourvues de miel au moment de la coupe, aient péri de faim entre les mains des apiculteurs qui n'ont pas exercé une vigilance assez active. Celles qui ne sont pas mortes alors n'ont pu toutes survivre au coup fatal qui leur avait été porté, et l'on peut dire aujourd'hui que le printemps de 1873 n'avait amené que la disette, la maladie au rucher, tandis que l'hiver suivant y a apporté la mort. Les apiculteurs ont en moyenne perdu les deux tiers de leurs colonies.

La grande ponte avait été totalement manquée dans bien des ruchées qui sont restées toute l'année faibles en population, qui n'ont pu remplir le vide fait imprudemment dans le panier à la coupe. Les abeilles ont traîné pendant tout l'été une existence malheureuse ; elles n'ont pas élevé de faux bourdons et guère augmenté en nombre ; à l'arrivée de l'hiver il n'y avait point de miel dans le panier. C'est dans des circonstances semblables qu'il est nécessaire de faire des sacrifices, de prendre au plus tôt des mesures efficaces pour perdre le moins de colonies possible, pour tâcher de les hiverner, de leur venir en aide, et cela dans l'espérance qu'un nouveau printemps leur permettra de se rétablir dans les conditions normales.

100. **Superposition.** — Depuis l'aurore jusqu'au crépuscule les abeilles courent à la picorée : c'est un va-et-vient incessant ; il sort et il rentre ensemble dans une bonne ruche des poignées d'ouvrières, de sorte qu'il n'est guère facile de les compter ; les bourdons font leur apparition. A ce moment, si vous avez des ruches à vieux gâteaux, bâtiments de sept à huit ans d'existence, ou des paniers qui tombent de vétusté, vos intérêts exigent que vous changiez les abeilles de demeure. Vous prenez pour cela une bonne ruche et vous la mettez à la place de la vieille ruche que vous posez sur celle qui est vide et où les abeilles descendent aussitôt. Le couvain continue d'éclore dans la ruche du haut ; mais la reine descendue avec ses ou-

vrières opérera désormais sa ponte dans les nouveaux gâteaux de la ruche inférieure qui, au mois de septembre, est remplie de rayons. A cette époque celle du haut est à peu près déserte et pourrait être enlevée pour la récolte du miel et de la cire, à moins qu'on ne préfère attendre à la taille prochaine des ruches, si l'on présume que les abeilles dans leur nouveau logement n'auront pas assez de miel pour passer l'hiver. Si la

(*Fig.* 28.) Abeilles changeant de domicile.

ruche superposée est évasée tandis que celle du bas est étroite par le haut, elles descendront l'une dans l'autre jusqu'à ce que les rayons de la ruche supérieure s'arrêtent sur le fond de celle du bas. Comme cela pourrait briser les gâteaux et être préjudiciable aux abeilles, au couvain, on évite cet inconvénient en choisissant d'avance une ruche dont le dessus soit en rapport avec l'évasement de celle à superposer, ou en rognant de quelques centimètres les rayons de celle-ci pour les empêcher de porter sur le nouveau panier. On pourgette immédiatement les fissures entre les deux ruches et partout où cela est nécessaire.

101. **Ruches à préférer pour la pose du cabotin.** — Sur la fin du mois de mai, les bonnes ruches commencent à essaimer. Ces essaims sont les meilleurs, parce qu'ils ont tout le temps nécessaire pour bien remplir la ruche. Ce sont ceux-là qui pourraient, dans les années favorables, donner eux-mêmes des essaims. Les abeilles sont un peu moins grosses et moins vigoureuses dans les ruches dont les gâteaux ont déjà cinq, six, sept ans et plus d'existence ; elles sont moins promptes à essaimer que dans les bonnes et jeunes ruchées, tout en conservant une plus grande aptitude à ramasser du miel. C'est sur ces ruches qu'il est préférable de poser le cabotin qui arrête l'essaimage et permet de faire une récolte de miel.

Préparez, achetez, confectionnez les ruches qui doivent loger les nouvelles colonies; posez les cabotins sur les ruches dont vous voulez empêcher l'essaimage. Ayez présents à la mémoire, relisez les passages qui ont rapport aux essaims, à la manière de les faire poser, de les amasser, de les loger et de placer les nouvelles ruches. Surtout, et j'ai de bonnes raisons d'insister sur ce point, n'oubliez pas de nourrir les essaims que vous avez recueillis, si pendant les trois jours qui suivent leur sortie, la pluie ou le froid empêche les abeilles d'aller aux champs; le quatrième jour il serait bien tard de penser à vos jeunes colonies et vous pourriez ne trouver sous les paniers que des cadavres. Pour les essaims faits artificiellement, la nourriture doit être donnée dès le lendemain de leur formation si le temps est mauvais, parce que les abeilles, séparées par la violence et inopinément, n'ont pas, comme dans les essaims naturels, emporté des vivres pour trois jours. Il est bien à remarquer qu'en apiculture il ne s'agit pas de commencer avec ardeur une petite entreprise d'après les prescriptions des praticiens et se croire quitte et heureux lorsqu'une opération a bien réussi ; il faut suivre jusqu'au bout les indications qui se succèdent, si l'on veut obtenir de véritables succès. Que vous servirait, en effet, d'avoir fait un bel essaim artificiel si le lendemain, faute de nourriture, vous le laissez périr de faim ?

102. **Juin**. — Le mois de juin, dans nos contrées, est par excellence le mois des essaims ; car ceux qui arrivent en mai sont reçus comme un don de la nature, et ceux qui sortent en juillet devraient être, à peu d'exceptions près, mariés deux à deux ou réintégrés dans la ruche-mère. C'est dans ce mois surtout qu'il convient de faire les essaims artificiels, nº 90. Ce qui vient d'être dit en dernier lieu pour le mois de mai convient également bien pour le mois de juin, et il serait superflu de nous

étendre davantage sur les travaux apicoles de ce mois.

103. **Juillet**. — Dans la réception de vos essaims soyez circonspects; passé le vingt juin, logez-les dans des ruches de petite dimension (seize à vingt litres); mariez, réintégrez ceux qui sont faibles, c'est-à-dire qui ne pèsent que de huit à neuf cents grammes. C'est surtout dans ce mois que l'on trouve à la branche des essaims seconds. Si vous en recueillez un et que vous n'ayez pas encore d'abeilles, vous ne pourrez l'adjoindre à une ruche faible. Alors, pour loger votre essaim, tâchez de vous procurer une ruche déjà remplie de gâteaux. Vos abeilles, au lieu de perdre un temps précieux à la construction des rayons, emmagasineront de suite la nourriture de l'hiver. Si vous ne pouvez trouver cette ruche, choisissez-en, comme il vient d'être dit, une vide de petite dimension, afin que les abeilles puissent facilement la remplir de rayons, de provisions et se mettre à l'abri du froid, l'hiver étant venu. Enfin, si vous n'avez qu'une grande ruche dans laquelle vous établissez votre essaim qui ne pourra la remplir qu'à moitié de rayons, par un beau jour de la dernière quinzaine d'octobre, retournez votre ruche, prenez une bonne poignée de mousse que vous enveloppez dans une feuille de papier, et mettez ce paquet dans le vide du panier; vos abeilles auront chaud pendant l'hiver.

Un praticien enlève du miel de ses ruches à toute époque de l'année, excepté dans les grands froids;

mais c'est surtout au mois de juillet, après l'essaimage, le moment le plus favorable pour faire une fructueuse récolte. Il est essentiel de savoir ici qu'une ruche, forte ou faible, consomme en hiver de six à sept kilogrammes de miel que l'on doit laisser dans le panier, et que, pendant le reste de l'été et l'automne, les abeilles ne vont aux champs que pour leur entretien journalier. Du reste, comme vous ne devez opérer que sur des ruches d'un grand poids, il vaut mieux leur laisser quelques kilogrammes de miel de plus, et être sans inquiétude à leur égard pendant la mauvaise saison. La récolte se fait en coupant le plus beau rayon de miel de la ruche, ou par la levée du cabotin. Evitez de faire comme ceux qui aiment un peu trop le présent. A la sortie de l'hiver vous les entendez dire dans leur simplicité : « Ma meilleure ruche a péri, mais je m'en moque; elle m'a donné un bon cabotin de miel l'année dernière. » Je crois bien, vous lui avez dérobé sa subsistance des mauvais jours, son pain amassé avec tant de peine pour vous en gorger, pour le gaspiller en un instant, ou pour le vendre moyennant quelques deniers !

104. **Août.** — A moins de circonstances extraordinaires, comme la production en grande masse de fleurs mellifères, les abeilles dans ce mois ne butinent plus, nous venons de le dire, que pour s'entretenir, et dans certaines ruches, elles commencent même à attaquer les provisions de l'hiver ; aussi ontelles, à cette époque, perdu toute leur activité. Les

faux bourdons doivent être détruits partout; si vous en voyez dans une ruche vivre en paix avec les quelques ouvrières qui sortent de temps en temps pour aller à la picorée, c'est que cette peuplade a perdu sa reine, ce qui est une affaire grave; car c'est une ruche de moins quels que soient d'ailleurs son poids et sa population. Si vous pouviez lui faire accepter une reine que vous avez pu, lors des essaims seconds, tenir en réserve, comme nous l'avons vu, n° 89, le mal serait aussitôt réparé. Mais vous n'avez sans doute pas de reine à votre disposition. Il faudra donc vous contenter de superposer votre ruche, si elle contient assez de miel et de monde, sur une ruche faible et jeune qui deviendra, par ce moyen, une de vos meilleures colonies. Si elle est pauvre en miel, faible en population, vous n'avez qu'à secouer à terre les abeilles qui chercheront de nouvelles demeures dans vos autres ruches, à vous emparer des rayons contenant du miel s'il y en a, ou à laisser les gâteaux intacts s'ils sont vides et s'ils n'ont qu'un an ou deux d'existence pour placer dans cette ruche, mise à l'abri de la vermine, un essaim à la première occasion.

C'est aussi dans ce mois que la fausse teigne commence à apparaître dans les ruches. Retournez celles qui en sont atteintes, cherchez l'ennemi au bas des rayons où il commence ses travaux dévastateurs, ou collé contre les rebords inférieurs de la ruche ainsi que sur le tablier; détruisez les toiles cotonneuses qui renferment la vermine, ensuite replacez et pourgetez les ruches.

105. **Septembre.** — C'est à ce moment que vous passez en revue toutes vos ruches, afin de vous assurer si chacune d'elles a ce qui lui est nécessaire pour résister à l'hiver. Sans cette précaution, il arriverait que de jeunes essaims sur lesquels vous fondiez votre espoir, n'ayant pas une quantité de miel suffisante, périraient de faim avant le retour du printemps. Pour cela, vous pesez, avec une romaine, chaque ruche en la mettant sur un linge dont vous liez et soulevez les quatre cornes. Certains apiculteurs ne se trompent guère en pesant la ruche à la main. Il serait bon de savoir le poids de la ruche vide. Supposons-la faite de paille, non crépite, d'une capacité de vingt-cinq litres, son poids sera environ de deux kilos, ci. 2 k.

Le poids de la cire de deux ou trois ans sera d'un kilo, ci	1
Celui des abeilles de deux kilos, ci . . .	2
Celui du couvain, du pollen, d'un kilo, ci .	1
Au total	6 k.

Si votre ruche en tout pèse quinze kilogrammes, je suppose, le poids du miel sera de quinze kilogrammes, moins les six kilos ci-dessus, ou neuf kilogrammes. Si une autre ruche pesait huit kilogrammes, vous n'auriez que deux kilos pour le miel. Il pourrait même se rencontrer que le poids d'une ruche fût inférieur à six kilogrammes, si chacune des parties énumérées plus haut avait moins de poids que celui marqué ; mais ce serait surtout l'assurance que les abeilles n'ont aucune subsistance. D'après le poids que vous trouvez et ce que nous avons dit déjà, vous voyez ce que vous avez à faire.

106. **Octobre.** — La culture des abeilles était autrefois en France une branche importante de l'agriculture, et une source de richesse qui a été négligée depuis que le sucre a remplacé le miel dans notre alimentation. Sur la fin du dernier siècle on comptait, dans les pays les plus abondants en fleurs mellifères des ruchers de plusieurs centaines de paniers, dont le nombre doublé par l'essaimage tous les étés, revenait à son chiffre ordinaire pendant le mois d'octobre par la suppression des meilleures colonies. On étouffait les abeilles des ruches les plus lourdes ; on s'emparait du contenu que l'on jetait dans des cuveaux où miel, cire, abeilles mortes, couvain, pollen, tout était pétri ; puis cette bouillie était portée sous le pressoir. Ce qui découlait n'était pas du miel vierge, vous le comprenez ; pourtant c'était le miel du commerce que l'on entonnait dans des barils, des tonneaux, et que l'on expédiait pour le moins dans toutes les parties de l'Etat. Aujourd'hui encore, malgré le blâme infligé par tous les auteurs qui ont écrit sur l'apiculture, certaines localités n'ont pas encore entièrement abandonné ces coutumes barbares, routinières et traditionelles. Il faut espérer que d'ici à quelques années

les généreux efforts des protecteurs des abeilles seront couronnés de succès complets, et que désormais les mouches à miel seront traitées avec les égards dus à leur mérite.

Les ruches populeuses entretiennent mieux et à

(*Fig.* 29.) Réunion de deux colonies.

peu de frais la chaleur qui leur est nécessaire que les ruches pauvres en monde où chaque abeille, pour obtenir en elle le degré de chaleur convenable, est obligée de consommer beaucoup de nourriture. Partant, si pour une cause quelconque vous vous emparez des provisions de la meilleure de vos ruches, retournez-la au milieu d'une belle journée, mettez-en une vide dessus, tapotez sur celle du bas, comme pour un essaim artificiel ; les abeilles monteront en grande partie dans la ruche vide que vous secouerez ensuite à terre à quelque distance du rucher. Les abeilles en revenant, ne trouvant plus leur ruche-mère que l'on aura soustraite, pénétreront dans les ruches voisines où elles ne seront pas mal reçues. Voir, n° 47, le moyen de bonifier les ruches faibles.

107. **Mariage, réunion**. — En mettant deux populations faibles ensemble, la chaleur dans le panier se trouve plus que doublée sans que la consommation, pour les deux familles réunies, soit plus grande que pour une seule peuplade ; et de deux colonies qui auraient péri de froid en hiver, ou langui tout l'été, on peut en faire, si tout va bien, une ruchée excellente qui passera l'hiver, donnera un essaim au printemps, un cabotin en été, et emplira de miel ses rayons pour passer la mauvaise saison.

Vous choisissez dans votre rucher deux ruches que vous voulez réunir en une seule famille. Vous commencez par tapoter sur chacune d'elles et par introduire de la fumée par les portes, tout cela pour mettre les abeilles à l'état de bruissement, état pendant lequel elles sont dans le malaise, la crainte, ne pensent qu'à leur conservation personnelle, et nullement à se battre ni à attaquer celui qui les trouble. Puis vous ôtez la bonde de la plus mauvaise des deux ruches, et vous mettez dans le trou un petit rayon de cire pour que les abeilles puissent monter facilement. Ensuite vous prenez la meilleure de vos deux ruches que vous superposez sur l'autre. On maintient les abeilles à l'état de bruissement pendant un quart d'heure encore; le mélange des colonies se fait. Les deux reines se cherchent et se livrent le combat après lequel l'union est faite, sans autre victime que l'une des deux reines. Le lendemain on calfeutre tous les joints en laissant chaque entrée ouverte pendant quelques jours, et les ruches sont maintenues dans cette position jusqu'à la coupe, moment où l'on enlève celle du bas.

108. **Novembre.** — L'hiver des abeilles est arrivé et il n'y a plus qu'à s'occuper de donner aux ruches les vêtements chauds qui leur sont nécessaires dans cette saison, car vous avez dû mettre à profit ce que nous avons dit sur les moyens d'hiverner les colonies pauvres en miel, faibles en population. Si vos ruches sont isolées, vous passez en revue les surtouts; vous remplacez ceux qui ne sont pas suffisamment épais, qui laissent passer la pluie et le froid. Pour votre rucher couvert, vous pouvez faire des paillassons que vous attachez en haut sous la gouttière et que vous laissez tomber à terre. Les vents vifs et les rayons trompeurs du soleil de l'hiver

sont arrêtés, et vos abeilles jouissent d'une température supportable. Après les fortes gelées, par un beau soleil à midi, vous enroulez ces sortes de tapisseries ou vous les rejetez sur le toit pour donner l'air, la lumière et la liberté à vos abeilles.

Afin que les rongeurs ne puissent s'introduire dans vos ruches, vous fermez les portes avec des plaques demi-circulaires de fer-blanc percées de trous; chacun a son système de fermeture et il y en a de bien ingénieux. Pour être bons, tous doivent, par de petits jours, laisser pénétrer le grand air; et en ménageant seulement des trous au bas de la plaque, les abeilles mortes dans la ruche et amassées contre la porte pourraient en empêcher le libre passage. C'est pourquoi d'autres trous très-petits doivent êtres pratiqués aussi plus haut; ceux-là sont toujours ouverts. Si vous vous occupez assez de vos abeilles, mettez un système de porte qui ne donne pas passage aux abeilles; seulement de temps à autre, deux ou trois fois l'hiver par exemple, ôtez cette porte par un temps doux et un beau soleil pour donner sortie à vos abeilles qui se dépêcheront de se débarrasser de leurs déjections et des cadavres de l'intérieur. Si vous tenez à ce que vos abeilles vous laissent en repos, mettez des fermoirs au bas desquels vous ménagez deux ou trois petites ouvertures propres à laisser passer chacune une abeille; alors elles sortent et approprient leur demeure à volonté; seulement vous en perdrez quelques-unes, celles qui se mettront en retard pour rentrer, qu'un air froid pourra saisir ou qui se poseront sur la neige.

109. **Décembre.** — Vous pouvez pendant les longues soirées de cette morte saison vous occuper de la confection des ruches, nº 55, si rien ne vous en empêche, et que cela entre dans vos goûts. Imaginez, placez des piéges pour prendre les rats, les souris, si vous constatez leur présence dans votre rucher. Examinez, après un froid très-vif, si les abeilles, dans les ruches peu populeuses, ne sont pas asphyxiées. Si vous rencontrez une ruche dans cette détresse, nº 34, emportez-la vite dans un local chaud, après l'avoir enveloppée d'un linge; vos abeilles reviendront à la vie s'il n'y a que quelques heures qu'elles sont dans cet état de mort apparente; puis donnez-leur de la nourriture si elle fait défaut, et si vous le voulez, placez ou suspendez ensuite votre ruche dans une chambre chaude, sombre et tranquille jusqu'à l'arrivée du printemps des abeilles.

---

110. **Loi sur les abeilles.** — (*Loi du* 28 *septembre* 1791.) — « Le propriétaire d'un essaim a » droit de le réclamer et de s'en saisir tant qu'il » n'a pas cessé de le suivre; autrement l'essaim » appartient au propriétaire du terrain sur lequel » il est fixé. »

» Un essaim qu'on aperçoit en l'air et qui n'est pas » suivi, appartient aussi à celui qui l'a aperçu et qui » le suit.

» Les ruches d'abeilles ne peuvent être saisies ni » vendues pour contributions publiques, ni pour au- » cunes causes de dettes, si ce n'est par celui qui les » a vendues ou celui qui les a concédées à titre de » cheptel ou autrement.

» Pour aucune cause il n'est permis de troubler les » abeilles dans leurs courses et travaux; en consé- » quence, même en cas de saisie légitime, les ruches » ne peuvent être déplacées que dans les mois de dé- » cembre, janvier et février. »

Art. 54 *du Code civil.* « Sont immeubles par des- » tination, quand elles ont été placées par les pro- » priétaires pour le service et l'exploitation du fonds, » les ruches à miel. »

---

111. **Du respect dû aux ruches.** Je ne veux pas terminer nos leçons apicoles sans vous dire quelques mots sur le respect dû aux ruches. Quand vous passez par hasard vers des ruches qui ne sont pas les vôtres, vous pouvez rester un instant et examiner, pour en faire votre profit, avec quelle ardeur, avec quelle entente parfaite les abeilles exécutent leurs

travaux. Mais ne les troublez pas, n'avancez pas trop, vous pourriez être piqués. Surtout gardez-vous jamais de bouleverser les ruches de quelque manière que ce soit, d'introduire, par malice ou par gourmandise, un bâton dans l'entrée d'une ruche, d'essayer d'y dérober du miel, car non-seulement les abeilles en fureur vous feraient, par de nombreuses blessures, expier votre témérité, votre sottise, mais premièrement vous courriez le risque, et cela s'est vu, de faire périr la ruche; secondement, et ceci est beaucoup plus sérieux, ce serait un délit grave. La loi condamne les enfants coupables de ces faits à la détention dans des maisons de correction; là ils ont tout le temps, entre les gendarmes, les gardiens et la dure discipline, de se repentir de leur faute. Les personnes plus âgées expient leur lâcheté par plusieurs années d'emprisonnement. Oui, le vol d'un cabotin de miel, d'une ruche d'abeilles, les dégradations volontaires à un rucher, etc., sont autant de faits qui sont poursuivis et réprimés par les tribunaux correctionnels. Ne touchez donc en aucune façon jamais aux ruches de qui que ce soit, et tremblez de frayeur en pensant à ce qui vous arriverait si vous aviez le malheur d'oublier les avis que vous recevez sur le respect dû aux ruches d'autrui.

112. **Les dix préceptes de l'apiculteur.**

1. Tes abeilles tu soigneras
Toujours avec entendement.
2. La routine abandonneras
Pour agir méthodiquement.
3. Les essaims tu surveilleras
Parce qu'ils s'en vont lestement.
4. Tous les petits marieras
Pour les conserver sûrement.
5. Les faibles tu nourriras
Quand ils manqueront d'aliments.
6. Leur logement tu construiras
Toujours économiquement.
7. Du froid tu les préserveras,
De la chaleur également.
8. Tes abeilles transvaseras
Pour les dépouiller aisément.
9. Jamais tu n'en étoufferas,
C'est agir sans raisonnement.
10. Cire et miel tu recueilleras
En les récoltant prudemment.

D. HUILLON.

FLORE DES ABEILLES

LISTE DIVISÉE PAR SAISONS

FIN DE L'HIVER

ET COMMENCEMENT DU PRINTEMPS

Coudrier, noisetier : fournit une riche récolte de pollen.

Saule : il y a beaucoup de variétés ; saule-marsault, blanc, pleureur, etc., qui fournissent du miel et beaucoup de pollen.

Frêne et orne : donnent une fleur qui fournit miel et pollen.

Groseiller : ses fleurs et ses feuilles renferment du miel.

Sapin : miel, pollen et un peu de propolis.

Pin, mélèse, genévrier.

Abricotier, pêcher : miel et pollen.

Peuplier, variété tremble : propolis, miellée et pollen.

Bouleau, orme.

Romarin : fleurs aromatiques contenant un miel excellent.

Perce-neige, violette, primevère, giroflée, pas-d'âne, etc.

PRINTEMPS.

Erable : sa sève renferme beaucoup de sucre; variétés : le sycomore, le platane.

Acacia : le blanc renferme beaucoup de miel.

Chêne : celui à long pédoncule fournit du miel.

Sorbier des bois : miel en abondance.

Marronnier : beaucoup de miel et pollen.

Epine-vinette : id.

Ronce commune : fleur à bouquet contenant du miel.

Troène : forme des haies dont les fleurs blanches donnent du miel.

Aubépine : abonde en sucs mielleux.

Eglantier sauvage : donne du pollen.

Seringat, myrtille, prunellier : donnent du miel.

Pommier, poirier, prunier, cerisier, noyer : donnent du pollen et un peu de miel.

Pois, vesce, fève, lentille : offrent beaucoup de miel.

Sainfoin, esparcette : pleins de miel.

Trèfle : le blanc et l'incarnat sont les meilleurs pour les abeilles.

Navette : toutes les variétés sont très-riches en miel.

Lamier : fleurs labiées, blanches, miel en abondance.

Pulmonaire, lupin, fraisier, pissenlit, menthe, etc.

ÉTÉ.

Tilleul : ses fleurs, jaunes et odorantes, donnent d'abondantes provisions de miel et de pollen.

Framboisier : riche en miel ; cornouiller, mûrier, haricot d'Espagne, salsifis, cameline.

Bourrache : excellente plante ; les abeilles y butinent tout l'été, il faut en remplir le jardin.

Luzerne : enrichit le fermier de même que le sainfoin ; miel.

Asclépias : fleurs disposées en ombelle, vraies fontaines de miel.

Mélilot : très-recherché des abeilles ; fleurit sans interruption pendant plusieurs mois ; c'est là un avantage qui fait classer le mélilot parmi les plantes les plus utiles à l'apiculture.

Sauge, madîa sativa, lin, moutarde, topinambour, soleil, bluet, centaurée, cardon, marrube.

Genêt des teinturiers, verge d'or, millepertuis.

Vipérine : fleurs en grappe d'un beau bleu ; plante tachetée comme la vipère, très-mellifère.

Bouillon blanc : aime les terres sablonneuses, chauffées par un soleil ardent : fleurs en épi, aimées des abeilles.

AUTOMNE.

Euphraise, persicaire, iberis : plantes connues des abeilles.

Mouron : fleurit tantôt au printemps, tantôt en automne ; miel et pollen.

Réséda ou gaude, vigne-vierge, aster.

Perlier ou symphoricarpe : visité tout l'été par les abeilles.

Hysope, scabieuse.

Thym et serpolet : feuilles et fleurs parfumées, très-aimées des abeilles.

Sarrasin ou blé noir : très-riche en miel, mais de qualité inférieure.

Bruyère : fleurs blanches ou roses riches en miel. Dans certaines contrées on conduit les ruches aux bruyères où les abeilles font une nouvelle saison.

Lierre donne du pollen et quelques sucs mielleux.

BOISSY.

OUTILLAGE, MATÉRIEL DE L'APICULTEUR

Ruches vulgaires en paille, en petit bois, en planches, pour loger les abeilles.

Ruches à hausses, système perfectionné pour multiplier les abeilles et leurs produits.

Ruches à divisions verticales pour id.

Ruches d'observations pour étudier les mœurs des abeilles.

Cabotins ou cabochons pour la récolte du miel.

Tabliers, plateaux, planchettes pour asseoir les ruches.

Pieux servant à supporter les tabliers.

Surtouts ou paillassons pour couvrir et conserver les ruches isolées.

Paillassons d'hiver pour le rucher couvert.

Mains de fer pour consolider les ruches à hausses.

Bondes pour fermer le dessus des ruches lorsque le cabotin n'est pas posé.

Fermoirs pour empêcher les rongeurs de s'introduire dans les ruches en hiver.

Couteaux pour décoller les ruches, pour extraire le miel et la cire.

Masque ou camail pour se garantir des piqûres des abeilles.

Gants ou mitaines pour id.

Enfumoirs simples ou à soufflet pour rendre les abeilles dociles.

Nourrisseurs pour présenter aux abeilles le miel lorsqu'il fait défaut dans la ruche.

Tamis pour l'écoulement du miel de première qualité.

Mellificateur pour séparer sans peine le miel de la cire.

Pressoir pour extraire le miel de dernière qualité et pour la fabrication de la cire.

Chaudière pour la fonte de la cire.

Ratières, souricières pour détruire les rongeurs.

FIN

TABLE

FIN DE LA TABLE.

IMPRIMERIE GÉNÉRALE DE CHATILLON-SUR-SEINE, J. ROBERT.

PUBLICATIONS

DE LA

LIBRAIRIE JULES DALLET

A LANGRES

Géographie a l'usage des écoles primaires de la Haute-Marne, par A. Mocquard, 6e édition, 1 joli volume in-18, orné de deux cartes Prix cartonné........................ 1 fr.

Petit Atlas du département de la Haute-Marne, comprenant huit cartes muettes, dont une de la France. In-4°, couverture imprimée avec notice abrégée du département. Prix...... 40 c.

Chaque carte séparément................. 05 c.

Grande carte du département de la Haute-Marne construite sur l'échelle de 1 à 120,000, d'après la carte de l'état-major, par A. Mocquard, ancien professeur. *Nouvelle édition* revue, améliorée et complétée. — Une feuille de 1m 25 sur 95 c., gravée avec soin. Prix:................ 4 50

Coloriée à teintes plates par arrondissements et par cantons.............................. 6 »

Montée sur toile, vernie, avec gorge et rouleau. 12 »

Carte topographique de la France, dressée par l'état-major au 80,000, — **Haute-Marne** comprenant 6 feuilles. Prix............... 6 60

Environs de Langres, 1 feuille............... » 60

Environs de Dijon.......................... » 60

Plan de Chaumont, 1 feuille................ 1 »

VIENT DE PARAÎTRE :

PENSÉES CHRÉTIENNES

PETITES LECTURES A L'USAGE DE TOUTES LES CLASSES
POUR TOUS LES JOURS DU MOIS

Nouvelle édition améliorée, imprimée en gros caractères gradués, divisés par syllabes, et augmentée de traits historiques.

Un joli volume in-18, cartonné.

Prix : **40 centimes.**

NOTICE HISTORIQUE

SUR

MONTIGNY-LE-ROI

(HAUTE-MARNE)

PAR A. LACORDAIRE

Bibliothécaire-Archiviste de la ville de Bourbonne,
Membre correspondant de la Société d'agriculture, commerce, sciences et arts de la Marne.

Un joli volume in-12 carré, caractères elzéviriens, papier vergé Hollande, orné de deux fac-simile d'après TASSIN.

Prix : 2 fr.

Lectures géographiques et historiques sur le département de la Haute-Marne, par un professeur. Description du département. — Montagnes. — Cours d'eau. — Villes. — Agriculture. — Industrie. — Histoire. — Invasions. — Hommes illustres. — Antiquités. — Eglises et Abbayes. — Littérature. — Patois, etc.

Cet ouvrage, spécialement destiné aux élèves des écoles primaires et des établissements d'instruction secondaire, s'adresse aussi aux habitants des villes et des campagnes. A la fois intéressant et instructif, il évite l'aridité du traité élémentaire et les longueurs des ouvrages spéciaux.

1 joli volume format in-18, orné d'une carte gravée avec soin — Prix cartonné.................. 1 »

Géographie historique, statistique et industrielle du département de la Haute-Marne, par Carnandet. — 1 beau et fort volume in-12, avec carte. — Prix net............ 2 »

La Haute-Marne ancienne et moderne, dictionnaire géographique, statistique, historique et biographique du département, précédé d'un résumé, par Jolibois, archiviste — 1 vol. grand in-8°, avec gravures et cartes......................... 10 »

Traité élémentaire d'arpentage ou de géométrie pratique, 3e édition, augmentée de nombreux problèmes, 1 volume in-12, avec figures dans le texte, et suivi d'une planche de lavis, par A. Mocquard. Prix : cartonné....... 1 50

Catéchisme agricole, destiné aux écoles primaires et aux classes d'adultes de la Haute-Marne. Ouvrage publié sous les auspices du département. Un beau volume in-12, orné de 90 figures intercalées dans le texte, et de la carte agronomique du pays, divisée en trois contrées agricoles. Prix, cartonné... 1 25

Psautier de David, suivi des vêpres du dimanche, des antiennes et des prières durant la messe, à l'usage des écoles chrétiennes. Nouvelle édition augmentée d'une Introduction à la lecture du latin et de l'accentuation liturgique. 1 joli vol. in-18, beau caractère. Prix, cart. . . . . » 50

Syllabaire et règlement pour les enfants qui fréquentent les écoles chrétiennes. Nouvelle édition, augmentée de quelques exercices de lecture. 1 volume in-18, 80 pages, beau caractère, couverture forte. . . . . » 20

Cours de musique pratique, dédié aux maisons d'éducation. — *Première partie*, contenant tous les principes élémentaires suivis de leçons de solfége, par Hustache. 1 vol. in-8°. 2 50

Deuxième partie, contenant des leçons de difficultés graduées, avec ou sans paroles, à une, deux et trois voix. 1 vol. in-8. . . . . 2 50

Solfége des écoles ou exercices pratiques de plain-chant, édition nouvelle augmentée de deux *Benedictus*, d'un *O salutaris* à deux voix et de *chants français*, par Durand, in-8°. . . . . » 50

Vie et œuvres de Mgr Darboy, archevêque de Paris, par Mgr Fèvre, protonotaire apostolique, deuxième édit. augmentée. 1 beau vol. grand in-8, orné d'un magnifique portrait. Prix : au lieu de 3 fr., net. . . . . 1 »

Il ne reste plus que quelques exemplaires de cet ouvrage.

La mission de la bourgeoisie, suivie d'études sur le gouvernement, le clergé, la noblesse et le prolétariat, par le même. 1 vol. in-12, broché. Au lieu de 2 fr. . . . . » 75

De l'éducation des enfants à la maison paternelle, par le même. 1 vol. in-18 broché. Au lieu de 1 fr. . . . . » 50

Saint Mammès, le Grand Martyr de Césarée, patron de la cathédrale et du diocèse de Langres, par M. l'abbé Tincelin, vicaire de Montargis, ancien élève de la maîtrise Saint-Mammès. 1 joli vol. in-18 jésus, orné d'une gravure. Prix.................. » 75

Notice sur les couteliers à Langres, au Moyen-Age, par Adrien Durand, docteur en droit, membre de la Société historique et archéologique de Langres. 1 vol. in-8° 1 fr. 50, net....... 1 »

Formulaire pour servir à la rédaction des actes de l'état civil, par le même. 1 vol. in-18.... » 75

Des conseils généraux de départements. — Organisation. — Attributions. — Commissions départementales (loi du 10 août 1871) par le même auteur. 1 beau vol. in-8, de XXVIII-157 pages. 3 fr., net.................................. 1 »

Histoire de la seigneurie et de la ville de Champlitte (Haute-Saône), par M. l'abbé Briffaut, curé de Pierrefaite (Hte-Marne). 1 v. in-8 avec planches et carte. 4 fr., net........... 2 »

La saliciculture et la vannerie à Bussières-les-Belmont, par le même. Brochure in-16. » 30

Petite grammaire allemande, à l'usage des écoles primaires et des personnes qui veulent acquérir promptement et facilement des notions pratiques de langue allemande. 1 petit v. in-12. » 50

Problèmes et exercices de calcul, gradués et divisés en 20 séries, sur les opérations ordinaires de la vie, l'agriculture, le commerce, l'économie domestique, et généralement toute espèce de comptabilité, suivis des réponses, par J. Joliot, instituteur, 1 volume in-12, net.................. » 50

Petite Bibliothèque illustrée. format petit in-16, à 50 centimes le volume.

ANONYME. — La Gaule et les Gaulois. 1 vol. avec 29 vignettes.

DELON (Ch.) — Le fer, la fonte et l'acier. 1 vol. avec 33 figures.

— **Le cuivre et le bronze**, 1 vol. avec 29 figures.

GIRARD (M.) — Le Phylloxera de la vigne. 1 vol. avec 10 figures et 2 cartes.

LACOMBE (P.) Petite histoire d'Angleterre, depuis les origines jusqu'a nos jours. 2 vol. avec cartes.

LEE CHILD (Mme) — Le général Lee. 1 vol. avec un portrait et 2 cartes.

MENAULT (E.) Les ouvriers de la ferme :

— **Le berger**, 1 vol. avec 23 figures.

— **Le vacher et le bouvier.** 1 vol. avec 23 figures.

RENDU (Victor.) — Petit Traité de culture maraîchère ; 2e édition. 1 vol. avec 40 figures.

— **La basse-cour**, 1 vol. avec 14 figures.

— **Les abeilles**, 1 vol. avec 17 figures.

Ouvrage couronné par la Société pour l'instruction élémentaire.

RIANT (Dr). — Le café, le chocolat et le thé. 1 vol. avec 30 figures.

— **L'alcool et le tabac.** 1 vol. avec 35 figures.

SAFFRAY (Dr) — Les Remèdes des champs. herborisations pratiques ; 2e édition. 2 vol. avec 160 figures.

— **La physique des champs.** 1 vol. avec 95 figures.

— **La chimie des champs.** 1 vol avec 65 fig.

Cours de dessin a main levée, à l'usage des écoles primaires, par M. V. Darchez, professeur.
1re partie. — Cours préparatoire.......... » 50
2e id. — Cours élémentaire............... » 60
3e id. — Cours moyen.................... » 60

On vend aussi du papier quadrillé au centimètre et au demi-cent. le cahier................... » 10

Tableaux pour l'enseignement primaire des sciences naturelles, par E. Deyrolle fils, 20 tableaux collés sur fort carton avec Manuel explicatif. Prix........................ 35 »

Les ennemis et les auxiliaires naturels des cultivateurs, Histoire naturelle populaire en six tableaux, figures coloriées. Prix.............................. 2 25

Les insectes considérés comme nuisibles à l'agriculture, moyen de les combattre, par E. Menault, 1 vol. in-12..................... 2 »

Entretiens sur l'utilité des oiseaux, par Ch. Viel, vol. in-18 cart.................. » 60

Les veillées de la ferme du Tourne-Bride, ou Entretiens sur l'agriculture, l'exploitation des produits agricoles et l'arboriculture par P.-J. de Varennes (P. Joigneaux), 1 vol. in-12, avec figures.............................. 1 »

Comptabilité agricole, par A. Duperron, 2 volumes, format oblong. Prix broché......... 3 »

Comptabilité agricole simplifiée, par A. Ysabeau. 1 vol. in-18 cart................. » 60

ARTICLES POUR LE DESSIN

COMPAS EN BOITE.

Boîte façon acajou, compas de 11 cent.	5 pièces.	1	40
— — — — —	6 —	1	70
— à 2 compas dont 1 de 11e	10 —	2	50
— à 3 compas dont 1 balustᵉ	12 —	3	40
— — de 14e 1 balustᵉ	12 —	4	50

Boîtes riches palissandre et à serrure, depuis 5 à 25 fr.

Doubles-décimètres, façon buis, à bouton, pièce.	»	20
— buis, au demi-millimètre..	»	60
Echelles effectives en buis, divisées 1250 et 2500.	1	50
Règles à dessin, sans biseau, 50 cent. pièce...	»	15
Equerres allongées, 25 cent.	»	15
Encre de Chine, qualité ordinaire, le bâton...	»	25

Boîtes de couleurs, Boussoles, Canifs, Cartons à dessin, Equerres d'arpenteur, Chaînes, Godets, Gomme. Papier à dessin, etc.

PAPIER EN RAMES

A prix réduit.

Papier écolier, 480 feuilles,	la rame	1	80
— — — plus fort,	—	2	10
— à lettres, 240 feuilles, qualité ordin.	—	1	25
— — — , vergé	—	1	50

BIBLIOTHÈQUE NATIONALE R.F. IMPRIMÉS